LOUISE HAY

Spiegel-arbeit

Heile dein Leben in 21 Tagen

Aus dem Amerikanischen übersetzt
von Thomas Görden

WILHELM HEYNE VERLAG
MÜNCHEN

Penguin Random House Verlagsgruppe FSC® N001967

11. Auflage

Taschenbuchausgabe 4/2018

Copyright © 2016 by Louise Hay
Die Originalausgabe erschien 2016 unter dem Titel *Mirror Work.
21 Days to Heal Your Life* bei Hay House Inc., Carlsbad, CA
Copyright © 2016 der deutschsprachigen Ausgabe by L · E · O Verlag,
in der Scorpio Verlag GmbH & Co. KG, Berlin · München
Copyright © 2018 dieser Ausgabe by
Wilhelm Heyne Verlag, München,
in der Penguin Random House Verlagsgruppe GmbH,
Neumarkter Straße 28, 81673 München
produktsicherheit@penguinrandomhouse.de
(Vorstehende Angaben sind zugleich
Pflichtinformationen nach GPSR)

Alle Rechte sind vorbehalten. Printed in Germany
Lektorat: Maryna Zimdars
Umschlaggestaltung: Guter Punkt, München,
unter Verwendung von Motiven von © Katrusya / iStock / thinkstock
Satz: Schaber Datentechnik, Austria
Druck und Bindung: GGP Media GmbH, Pößneck

ISBN 978-3-453-70315-5

www.heyne.de

INHALT

HERZLICH WILLKOMMEN

Meine lieben Leserinnen und Leser, ich begrüße Sie herzlich zu diesem 21-tägigen Kurs in Spiegelarbeit. Während der folgenden drei Wochen werden Sie lernen, wie Sie Ihr Leben ganz einfach durch den Blick in einen Spiegel verändern können.

Spiegelarbeit – die einfach darin besteht, dass Sie sich selbst tief in die Augen schauen und dabei Affirmationen sprechen – ist die wirksamste Methode, die ich kenne, um sich selbst lieben zu lernen. Und Sie lernen dabei, die Welt als einen sicheren und liebevollen Ort zu sehen. Seit ich Affirmationstechniken unterrichte, habe ich den Menschen auch immer Spiegelarbeit beigebracht. Einfach ausgedrückt: Alles, was Sie sagen oder denken, ist eine Affirmation. Alle Selbstgespräche und die Dialoge in Ihrem Kopf sind ein stetiger Strom von Affirmationen. Diese Affirmationen sind Botschaften an Ihr Unterbewusstsein, durch die gewohnheitsmäßige Denk- und Verhaltensweisen etabliert werden. Positive Affirmationen tränken Ihr

Unterbewusstsein mit heilenden Gedanken und Vorstellungen, die Ihnen dabei helfen, Selbstvertrauen und Selbstachtung zu entwickeln. Sie erzeugen geistigen Frieden und innere Freude.

Am wirkungsvollsten sind jene Affirmationen, die Sie vor einem Spiegel laut aussprechen. Der Spiegel reflektiert, was Sie über sich selbst denken. Vor dem Spiegel werden Sie sich sofort bewusst, wo bei Ihnen innere Widerstände bestehen und wo Sie offen und im Fluss sind. Er zeigt Ihnen klar und deutlich, welche Gedanken Sie ändern müssen, um ein frohes, erfülltes Leben zu führen.

Wenn Sie die Spiegelarbeit erlernen, werden Sie sich Ihrer Worte und Ihres Verhaltens viel bewusster werden. Sie werden lernen, auf einer viel tieferen Ebene gut für sich zu sorgen. Wenn in Ihrem Leben etwas Gutes geschieht, können Sie zum Spiegel gehen und sagen: »Danke, Danke. Das ist großartig! Danke, dass du das ermöglicht hast.« Wenn etwas Unerfreuliches geschieht, setzen Sie sich vor den Spiegel und sagen: »Okay, ich liebe dich. Das, was da gerade geschehen ist, geht vorüber. Aber ich liebe dich, und diese Liebe währt ewig.«

Den meisten von uns fällt es anfangs schwer, sich vor einen Spiegel zu setzen und sich selbst ins Gesicht zu sehen. Deswegen nennen wir es auch Spiegelarbeit. Doch schon bald werden Sie nicht mehr so selbstkritisch sein, und die Arbeit wird zum Spiegelspiel. Und es wird nicht lange dauern, dann ist der Spiegel Ihr Gefährte, ein guter Freund und nicht länger ein Feind.

Spiegelarbeit gehört zu den liebevollsten Geschenken, die Sie sich selbst machen können. Es dauert nur Sekunden, zu sich selbst zu sagen: »Gut siehst du aus.« Oder: »Ich liebe dich.« Sich selbst während des Tages kleine positive Botschaften zu senden ist enorm wichtig! Je häufiger Sie den Spiegel dazu nutzen, sich selbst Komplimente zu machen und sich in schwierigen Zeiten Wertschätzung und Unterstützung zu schenken, desto tiefer und freudiger wird Ihre Beziehung zu sich selbst werden.

Vielleicht fragen Sie sich, warum dieser Kurs nur 21 Tage dauert. Können wir tatsächlich in drei Wochen unser Leben transformieren? Vielleicht nicht vollständig, aber wir können Samen in die Erde pflanzen. Wenn Sie Ihre Spiegelarbeit beharrlich fortsetzen, entwickeln sich aus diesen Samen neue, gesunde geistige Gewohnheiten, und die Türen zu einem freudigen und erfüllten Leben werden sich für Sie öffnen!

Beginnen wir also gleich jetzt.

ERSTE WOCHE

TAG 1

Selbstliebe

Selbstliebe ist enorm wichtig.
Die Spiegelarbeit hilft Ihnen,
die wichtigste Beziehung in Ihrem
Leben zu stärken und zu pflegen:
die Beziehung zu sich selbst.

Wenn Sie mit der Spiegelarbeit beginnen, wird sie Ihnen zunächst viel zu einfach und vielleicht sogar albern vorkommen. Vieles von dem, was ich Ihnen für die folgenden 21 Tage vorschlagen werde, wird Ihnen viel zu simpel erscheinen. Sie werden bezweifeln, dass sich damit tatsächlich eine Veränderung herbeiführen lässt. Ich habe aber gelernt, dass oft gerade die einfachen Handlungen am wichtigsten und wirksamsten sind. Bereits eine kleine Veränderung des Denkens kann gewaltige Veränderungen in Ihrem Leben bewirken.

An jedem Tag werden wir uns mit einem anderen Thema beschäftigen. Ich werde mit einigen Gedanken zu dem jeweiligen Thema beginnen, und anschließend gebe ich Ihnen eine Spiegel-Übung, die Sie bitte während des Tages immer wieder praktizieren. Sie können am Morgen damit beginnen und die Übung vor dem Badezimmerspiegel machen. Im Laufe des Tages wiederholen Sie die Übung dann jedes Mal, wenn Sie an einem Spiegel vorbeikommen oder Ihr Spiegelbild in einem Fenster sehen. Sie können auch einen Taschenspiegel einstecken, der ermöglicht es Ihnen, jederzeit eine Spiegel-Übung zu machen, wenn Sie gerade ein paar Minuten Zeit dafür haben.

Es kann sehr hilfreich sein, Ihre Erfahrungen mit der Spiegelarbeit in einem Tagebuch festzuhalten. Notieren Sie Ihre Gedanken und Gefühle, dann sehen Sie deutlich, welche Fortschritte Sie machen. Ich habe Tagebuch-Übungen eingefügt, bei denen ich Ihnen einige Fragen vorschlage, die dabei helfen, den Schreibprozess in Gang zu bringen. Ich glaube, dass jeder Mensch über eine innere Kraft verfügt, ein höheres Selbst, das mit der universalen Macht in Verbindung steht, jener Macht, die uns liebt, die uns erhält und Wohlstand und Fülle jeder Art in unser Leben strömen lässt. Das Tagebuchschreiben wird Ihnen helfen, sich für diese Macht zu öffnen. So werden Sie erkennen, dass Sie in Ihrem Inneren alles finden, was Sie brauchen, um zu wachsen und sich positiv zu verändern.

Auch füge ich für jeden Tag einen Herzgedanken bei, der Ihre Spiegelarbeit unterstützt, und eine Affirmation, die Ihnen hilft, das Thema des Tages aktiv anzugehen. Zum Abschluss folgt eine geführte Meditation. Ich empfehle Ihnen, dass Sie sich abends vor dem Schlafengehen entspannt hinsetzen und ruhig darüber nachdenken, wie diese Ideen Ihr Leben leichter und besser machen können.

Spiegel-Übung für den 1. Tag

1. Stellen oder setzen Sie sich vor Ihren Badezimmerspiegel.
2. Schauen Sie sich in die Augen.
3. Atmen Sie tief durch und sprechen Sie folgende Affirmation: *Ich möchte dich mögen. Ich möchte wirklich lernen, dich zu lieben. Lass uns zusammen schöne Dinge erleben.*
4. Atmen Sie erneut tief durch und sagen Sie: *Ich lerne jetzt, dich wirklich zu mögen. Ich lerne jetzt, dich wirklich zu lieben.*
5. Das ist die erste Übung. Ich weiß, dass sie zunächst gar nicht so einfach ist, aber probieren Sie es bitte trotzdem! Atmen Sie tief durch und sagen Sie: *Ich bin bereit, dich lieben zu lernen, [Ihr Name]. Ich bin bereit, dich lieben zu lernen.*

Wenn Sie während des Tages an einem Spiegel vorbeikommen oder irgendwo Ihr Spiegelbild sehen, wiederholen Sie die Affirmationen, entweder laut oder still in Gedanken.

Es ist gut möglich, dass Sie sich während der Spiegelarbeit anfangs albern oder dumm vorkommen, wenn Sie die Affirmationen immer wieder aufsagen. Vielleicht werden Sie sogar wütend, oder es kommen Ihnen die Tränen. Das ist alles okay und völlig normal. Und Sie sind damit nicht allein. Denken Sie daran, dass ich bei Ihnen bin. Ich habe das auch durchgemacht. Und morgen ist ein neuer Tag.

Ihre innere Kraft:
Tagebuch-Übung für den 1. Tag

1. Notieren Sie unmittelbar nach der morgendlichen Spiegel-Übung Ihre Empfindungen und Beobachtungen. Haben Sie Wut verspürt, sind Sie sich albern oder dumm vorgekommen?
2. Notieren Sie sechs Stunden nach der Übung erneut, was Sie empfinden und beobachten. Fangen Sie allmählich an, während Sie im Tagesverlauf beim Anblick Ihres Spiegelbildes die Affirmationen wiederholen, das zu glauben, was Sie zu sich selbst sagen?
3. Achten Sie während des Tages auf Veränderungen in Ihrem Verhalten oder Ihrer Geisteshaltung. Wird die Übung durch Wiederholung einfacher oder ist sie unverändert schwierig?

Notieren Sie am Ende des Tages vor dem Schlafengehen, was Sie durch die heutige Spiegel-Übung gelernt haben.

Ihr Herzgedanke für den 1. Tag:
Ich bin offen und empfänglich

Wenn wir Spiegelarbeit praktizieren, um in unserem Leben Gutes zu erschaffen, jedoch ein Teil von uns glaubt, wir würden dieses Gute nicht verdienen, werden wir die Worte nicht glauben, die wir vor dem Spiegel sprechen. Wir werden dann an einen Punkt gelangen, wo wir denken: *Spiegelarbeit funktioniert nicht.*

In Wahrheit hat unsere Idee, Spiegelarbeit würde nicht funktionieren, nichts mit der Spiegelarbeit an sich oder den Affirmationen zu tun, die wir laut oder in Gedanken wiederholen. Das Problem besteht vielmehr darin, dass wir nicht glauben, all das Gute zu verdienen, das das Leben für uns bereithält.

Meditation für den 1. Tag:
Selbstliebe

Wir alle verfügen über die Fähigkeit, uns selbst mehr zu lieben. Jeder Mensch verdient es, geliebt zu werden. Wir verdienen es, gut zu leben, gesund zu sein, zu lieben und geliebt zu werden und in jeder Hinsicht zu gedeihen. Und das kleine Kind in jedem von uns verdient es, sich zu einem wundervollen Erwachsenen zu entwickeln.

Sehen Sie sich selbst von Liebe umgeben. Sehen Sie sich glücklich und gesund. Und sehen Sie Ihr Leben so, wie Sie es sich wünschen, malen Sie es sich in allen Details aus. Machen Sie sich klar, dass Sie dieses Glück verdienen.

Lassen Sie dann die Liebe aus Ihrem Herzen hervorströmen. Spüren Sie, wie sie Ihren Körper ausfüllt und von dort ausstrahlt. Visualisieren Sie, dass die Menschen, die Sie lieben, zu Ihrer Linken und Ihrer Rechten sitzen. Lassen Sie Ihre Liebe zu den Menschen links von Ihnen fließen, und senden Sie ihnen tröstende Gedanken. Umgeben Sie sie mit Liebe und Unterstützung, und wünschen Sie ihnen Gutes. Lassen Sie dann die Liebe aus Ihrem Herzen zu den Menschen rechts von Ihnen fließen. Umgeben

Sie sie mit heilenden Energien, mit Liebe, Frieden und Licht. Lassen Sie Ihre Liebe den ganzen Raum ausfüllen, bis Sie in einem riesigen Kreis der Liebe sitzen. Fühlen Sie, wie die Liebe in einer Kreisbewegung von Ihnen ausgeht und dann vielfach vermehrt zu Ihnen zurückkehrt.

Liebe ist die mächtigste Heilkraft, die es gibt. Sie können diese Liebe überallhin mitnehmen und mit allen Menschen teilen, die Ihnen begegnen. Lieben Sie sich selbst. Lieben Sie einander. Lieben Sie den Planeten und werden Sie sich bewusst, dass wir alle eins sind. Und so sei es.

TAG 2

Machen Sie sich
den Spiegel zum Freund

Heute beginnen Sie mit grundlegenden
Übungen vor dem Spiegel und lernen,
sich selbst neu und klarer zu sehen, jenseits
Ihrer alten Glaubenssätze.

Dies ist der zweite Tag mit Spiegelarbeit. Sie haben gerade erst damit begonnen, sich selbst lieben und wertschätzen zu lernen. Bleiben Sie am Ball. Jeder Tag, an dem Sie diese neue Denkweise üben, wird Ihnen helfen, alte negative Botschaften zu löschen, die Sie schon viel zu lange mit sich herumschleppen. Schon bald werden Sie öfter lächeln, und es wird Ihnen leichter fallen, in den Spiegel zu schauen. Schon bald werden die Affirmationen sich für Sie richtig und wahr anfühlen.

Jetzt möchte ich, dass Sie einen Taschenspiegel nehmen oder zum Badezimmerspiegel gehen. Betrachten Sie sich im Spiegel. Sprechen Sie sich mit Ihrem Namen an und sagen Sie: *[Ihr Name], ich liebe dich. Ich liebe dich wirklich.*

Sagen Sie das noch zweimal: *Ich liebe dich. Ich liebe dich wirklich. Ich LIEBE dich, ich LIEBE dich wirklich.*

Wie fühlt sich das an? Sie dürfen ruhig ehrlich sein und sagen, dass es sich merkwürdig oder dumm anfühlt. Denn am Anfang *fühlt* es sich tatsächlich so an. Oder vielleicht fällt es Ihnen sogar schwer, diese Übung auszuführen. Es ist okay, so zu empfinden. Sich selbst bedingungslos zu lieben ist etwas, das Sie noch nie getan haben. Lassen Sie diese Gefühle zu. Was Sie auch fühlen, es ist ein Anfang, ein sehr guter Ausgangspunkt.

Ich weiß, dass es vielen von Ihnen schwerfällt, zu sich selbst zu sagen: *Ich liebe dich.* Ich weiß aber auch, dass Sie dazu in der Lage sind, und ich bin stolz auf Sie, weil Sie nicht aufgeben. Ich verspreche Ihnen, dass die Spiegelarbeit von Tag zu Tag einfacher wird.

Wenn es Ihnen aber allzu schwerfällt, zu Ihrem Spiegelbild *Ich liebe dich* zu sagen, können Sie mit etwas Einfacherem beginnen. Versuchen Sie es mit: *Ich bin bereit, dich lieben zu lernen. Ich lerne jetzt, dich zu lieben.*

Beim Blick in den Spiegel möchte ich, dass Sie sich vorstellen, Sie würden mit einem Kind im Kindergartenalter sprechen. Visualisieren Sie sich selbst als dieses Kind. Sprechen Sie Ihr inneres Kind mit dem Namen an und sagen Sie zu ihm: *[Ihr Name], ich liebe dich. Ich liebe dich wirklich.*

Je öfter Sie die Spiegel-Übungen praktizieren, desto einfacher werden sie. Aber denken Sie daran, dass dieser

Prozess Zeit braucht. Gewöhnen Sie sich deshalb an, die Spiegelarbeit möglichst oft zu machen. Üben Sie morgens gleich nach dem Aufstehen. Tragen Sie immer einen Taschenspiegel bei sich, damit Sie ihn tagsüber häufig hervorholen und sich selbst eine liebevolle Affirmation schenken können.

Affirmieren wir nun gemeinsam: *Ich bin schön. Ich bin erstaunlich. Es ist leicht, mich zu lieben.*

Spiegel-Übung für den 2. Tag

1. Stellen Sie sich vor Ihren Badezimmerspiegel.
2. Schauen Sie sich in die Augen.
3. Sprechen Sie folgende Affirmation: *[Ihr Name], ich liebe dich. Ich liebe dich wirklich.*
4. Nehmen Sie sich die Zeit, diese Affirmation noch zwei- oder dreimal zu wiederholen: *[Ihr Name], ich liebe dich wirklich.*
5. Wiederholen Sie diese Affirmation immer wieder. Ich möchte, dass Sie es schaffen, sie mindestens hundertmal während des Tages laut oder in Gedanken zu sagen. Ja, Sie haben richtig gelesen: hundertmal am Tag. Ich weiß, das scheint viel zu sein, aber mal ehrlich: Wenn Sie den Bogen erst einmal heraushaben, ist es ganz leicht.
6. Wiederholen Sie die Affirmation jedes Mal, wenn Sie an einem Spiegel vorbeikommen oder Ihr Gesicht sich in einer Glasscheibe spiegelt: *[Ihr Name], ich liebe dich. Ich liebe dich wirklich.*

Wenn es Ihnen schwerfällt, *Ich liebe dich* zu sagen, liegt es vermutlich daran, dass Sie sich selbst bewerten und verurteilen und diese alten negativen Botschaften ständig wiederholen. Tragen Sie zu diesem Unbehagen nicht noch zusätzlich bei, indem Sie sich selbst dafür verurteilen, dass Sie bewerten und verurteilen. Entspannen Sie sich einfach, und konzentrieren Sie sich auf das Wiederholen der Affirmation. Denken Sie daran: Sie wenden eine Affirmation an, die wahr ist. Denn in Wahrheit lieben wir uns selbst, und zwar immer dann, wenn wir uns nicht verurteilen.

Es ist eine gute Idee, bei der Spiegelarbeit stets Papiertaschentücher griffbereit zu haben, denn diese Arbeit kann viel zum Vorschein bringen. Oft steigen dabei tief vergrabene Emotionen auf. Es kann sein, dass wir in der Vergangenheit uns selbst ziemlich schlecht behandelt haben. Wenn wir beginnen, uns selbst wieder zu lieben, werden uns die lieblosen Einstellungen bewusst, die wir lange gehegt haben. Das kann ein gewisses Maß an Traurigkeit und Schmerz auslösen. Aber dieser Schmerz wird nun freigesetzt und aufgelöst. Lassen Sie diese Gefühle einfach zu. Bewerten Sie sie nicht. Bei der Spiegelarbeit geht es um Selbstliebe und Selbstakzeptanz.

Ich habe Ihnen empfohlen, gleich morgens nach dem Aufstehen mit der Spiegelarbeit zu beginnen. Manchmal fällt es uns aber um diese Zeit besonders schwer, weil wir glauben, früh am Morgen unvorteilhaft auszusehen. Aber auch das ist bloß ein Werturteil. Doch bei der Spiegelarbeit lernen wir, uns selbst ganz wertfrei im Spiegel zu betrachten, und wir sehen, wer wir in Wirklichkeit sind.

Ihre innere Kraft:
Tagebuch-Übung für den 2. Tag

Das Leben ist sehr einfach. Was wir geben, bekommen wir zurück. Notieren Sie Ihre Antworten auf die folgenden Fragen in Ihr Tagebuch:

1. Gibt es etwas, das Sie sich wünschen, aber nicht bekommen?
2. Wie wurde in Ihrer Kindheit mit dem Anspruch umgegangen, im Leben Gutes zu verdienen? Mussten Sie sich Gutes immer erst verdienen? Wurde Ihnen etwas weggenommen oder vorenthalten, wenn Sie »ungezogen« waren oder etwas falsch machten?
3. Glauben Sie daran, dass Sie es verdienen, am Leben zu sein? Freude zu erfahren? Wenn nicht, warum nicht?

Achten Sie darauf, welche Gefühle in Ihnen aufsteigen, während Sie diese Fragen beantworten. Notieren Sie diese Empfindungen in Ihr Tagebuch.

Ihr Herzgedanke für den 2. Tag:
Ich verdiene Gutes

Manchmal weigern wir uns, Gutes in unserem Leben zu erschaffen, weil wir glauben, nichts Gutes zu verdienen. Dieser Glaube kann aus frühen Kindheitserfahrungen herrühren. Vielleicht haben wir die Weltsicht anderer Menschen übernommen, obwohl diese gar keinen Bezug zu unserer eigenen Wirklichkeit hat.

Gutes zu verdienen hat nichts damit zu tun, gut zu sein. Unsere mangelnde Bereitschaft, Gutes in unser Leben zu lassen, steht uns oft im Weg. Erlauben Sie es sich, Gutes bereitwillig zu empfangen, egal ob Sie glauben, es zu verdienen oder nicht.

Meditation für den 2. Tag:
Von Liebe umgeben

Stellen Sie sich vor, Sie befinden sich an einem sehr sicheren, behüteten Ort. Lassen Sie Ihre Sorgen, Schmerzen und Ängste hinter sich. Lösen Sie sich von alten, negativen Verhaltensmustern. Sehen Sie, wie das alles jetzt von Ihnen abfällt. Visualisieren Sie dann, dass Sie an Ihrem sicheren Ort stehen und mit weit geöffneten Armen sagen: *Ich bin offen und empfänglich* – seien Sie bereit, laut zu verkünden, was Sie wollen, nicht, was Sie nicht wollen. Sehen Sie sich selbst heil, gesund und im Frieden mit sich. Sehen Sie, dass Sie von Liebe erfüllt sind.

Fühlen Sie nun an diesem Ort der Geborgenheit Ihre Verbundenheit mit anderen Menschen. Lassen Sie Ihre Liebe von Herz zu Herz strömen. Seien Sie sich, während Sie Ihre Liebe hinaus in die Welt strömen lassen, bewusst, dass sie vielfach vermehrt zu Ihnen zurückkehren wird. Senden Sie allen Menschen tröstende, liebevolle Gedanken in dem Wissen, dass auch diese Gedanken wieder zu Ihnen zurückkehren.

Wir können auf diesem Planeten Teil eines Zirkels des Hasses sein oder Teil eines Zirkels der Liebe und Heilung. Ich entscheide mich für den Zirkel der Liebe. Mir ist klar, dass wir alle das Gleiche wollen: in Frieden und Sicherheit leben und unserer Kreativität auf erfüllende Weise Ausdruck verleihen.

Visualisieren Sie, dass die Erde von einem Kreis aus Licht umgeben ist. Und so sei es.

TAG 3

Wie wir mit uns selbst reden

Heute werden Sie mehr darüber lernen,
wie Sie sich selbst andere Botschaften als bisher
übermitteln können. Sie werden sich von
negativen Gedanken aus der Vergangenheit befreien,
sodass Sie in der Gegenwart leben können.

Haben Sie jetzt, am dritten Tag mit Spiegel-Übungen, schon etwas mehr Vertrauen zu Ihrem Freund, dem Spiegel, gefasst? Jeden Tag, an dem Sie Spiegelarbeit machen, werden Sie sich ein bisschen mehr in sich selbst verlieben. Jeden Tag wird es einfacher, Ihre positiven Affirmationen zu sprechen und wirklich an sie zu glauben.

Am besten können Sie sich Liebe schenken, indem Sie sich von allen negativen Botschaften aus der Vergangenheit lösen und im gegenwärtigen Augenblick leben. Heute möchte ich mit Ihnen daran arbeiten, die Art und Weise zu verändern, wie Sie mit sich selbst reden – Ihre Selbstgespräche, die ständig in Ihrem Kopf ablaufen.

Allzu oft übernehmen wir die Botschaften der Eltern, der Lehrer und anderer Autoritäten. Vermutlich bekamen Sie in Ihrer Kindheit und Jugend Sätze zu hören wie: »Sei keine Heulsuse«, »Dauernd ist dein Zimmer unordentlich« und »Warum machst du dein Bett nicht?«. Und aus dem Wunsch, geliebt zu werden, taten Sie, was man von Ihnen verlangte. So haben Sie als junger Mensch sehr wahrscheinlich die Vorstellung verinnerlicht, dass man Sie nur akzeptiert, wenn Sie bestimmte Dinge tun. Akzeptanz und Liebe waren an Bedingungen geknüpft. Heute ist es aber wichtig, sich klarzumachen, dass die Akzeptanz oder Ablehnung, die andere Ihnen entgegenbrachten, auf *deren* Vorstellungen beruhte, was akzeptabel war und was nicht. Mit Ihrem eigenen Selbstwert hatte das nichts zu tun.

Diese frühen Botschaften sind Teil unseres Selbstgesprächs, unseres inneren Dialogs. Es ist wirklich wichtig, auf welche Weise wir innerlich mit uns selbst reden, weil es die Grundlage dafür ist, was wir laut aussprechen. Es bestimmt die geistige Atmosphäre, in der wir agieren, und beeinflusst, welche Erfahrungen wir in unser Leben ziehen lassen. Wenn wir uns selbst herabsetzen, bedeutet uns auch das Leben nicht viel. Wenn wir uns dagegen selbst lieben und wertschätzen, kann das Leben ein wunderbares, freudenreiches Geschenk sein.

Wenn wir unglücklich sind oder uns unerfüllt fühlen, ist es einfach, unsere Eltern dafür verantwortlich zu machen – oder die allmächtigen *Sie* – und zu sagen, *sie* sind schuld. Doch wenn Sie das tun, bleiben Sie in der frustrierenden Situation stecken und finden keine Lösungen für die Probleme. Solange Sie sich selbst oder anderen die Schuld geben, werden Sie nicht frei sein.

Worte besitzen große Macht. Beginnen Sie also, sich selbst liebevoll zuzuhören. Wenn Sie bemerken, dass Sie negative oder einschränkende Worte verwenden, können Sie das jederzeit ändern. Wenn ich eine negative Geschichte höre, laufe ich nicht herum und erzähle sie weiter. Ich sage mir, dass diese Geschichte schon viel zu lange in Umlauf ist, und schenke ihr keine Beachtung. Doch wenn ich eine positive Geschichte höre, erzähle ich sie allen!

Wenn Sie mit anderen Menschen ausgehen, achten Sie einmal genau darauf, was gesprochen und wie es gesagt wird. Überlegen Sie, ob es einen Zusammenhang gibt zwischen dem, was diese Menschen sagen, und dem, was in ihrem Leben geschieht. Viele, viele Menschen sagen oft »ich sollte«. *Sollte* ist ein Wort, bei dem ich jedes Mal hellhörig werde. Ich habe Menschen dieses Wort schon mehr als ein Dutzend Mal in einem einzigen Absatz verwenden hören. Genau diese Leute wundern sich dann, warum ihr Leben so starr und festgefahren ist oder sie keinen Ausweg aus einer unerfreulichen Lebenssituation finden. Sie versuchen, Dinge zu kontrollieren, die sich nicht kontrollieren lassen. Ständig sind sie damit beschäftigt, anderen oder sich selbst Vorwürfe zu machen.

Bei Ihrer Spiegelarbeit können Sie trainieren, positive Selbstgespräche zu führen und nur positive Affirmationen zu wiederholen. Wenn dabei ein negativer innerer Dialog aus der Kindheit zum Vorschein kommt, können Sie ihn zu einer positiven Aussage umformulieren. Aus »Du bist zu nichts zu gebrauchen« kann zum Beispiel die positive Affirmation werden: *Ich bin tüchtig und meistere jede Herausforderung.* Indem Sie sich selbst und anderen aufmerksam zuhören, werden Sie sich bewusst, was Sie sagen und wie und warum Sie es sagen. Diese Bewusstheit wird Ihnen zu einem positiven inneren Dialog verhelfen, mit Affirmationen, die Körper und Geist nähren und heilen. Was für ein wunderbarer Weg, sich Liebe zu schenken!

Affirmieren wir gemeinsam: *Ich löse mich jetzt von allen negativen Botschaften aus der Vergangenheit. Ich lebe in der Gegenwart.*

Spiegel-Übung für den 3. Tag

1. Stellen oder setzen Sie sich vor Ihren Badezimmerspiegel.
2. Schauen Sie sich in die Augen.
3. Sprechen Sie folgende Affirmation: *Alles, was ich zu mir selbst sage, sage ich mit Liebe.*
4. Wiederholen Sie diese Affirmation mehrmals: *Alles, was ich vor diesem Spiegel zu mir selbst sage, sage ich mit Liebe.*
5. Gibt es einen Satz aus der Kindheit, der Ihnen im Gedächtnis haften geblieben ist? Vielleicht etwas wie: »Du bist dumm«, »Du bist nicht gut genug« oder dergleichen. Nehmen Sie sich die Zeit, diese Aussagen zu positiven Affirmationen umzuformulieren: *Ich bin klug. Ich bin viel intelligenter, als ich es mir selbst zutraue. Ich bin ein Genie und sprühe vor Kreativität. Ich bin ein wunderbarer Mensch. Ich bin liebenswert.*
6. Wählen Sie eine oder zwei dieser neuen, positiven Affirmationen und sprechen Sie diese mehrfach hintereinander laut aus. Wiederholen Sie sie so lange, bis Sie sich mit ihnen wohlfühlen.
7. Wiederholen Sie diese liebevollen Affirmationen jedes Mal, wenn Sie an einem Spiegel vorbeikommen oder Ihr Gesicht sich in einer Glasscheibe spiegelt.

Ihre innere Kraft:
Tagebuch-Übung für den 3. Tag

1. Haben Sie heute etwas Negatives erzählt? Notieren Sie, wie oft und wie vielen Menschen Sie es erzählt haben. Notieren Sie etwas Positives, das Sie diesen Menschen morgen erzählen können und das ihnen helfen wird, sich besser zu fühlen.
2. Schreiben Sie das Wort *sollte*. Schreiben Sie daneben eine Liste von Wörtern, die Sie stattdessen verwenden können. Beginnen Sie zum Beispiel mit dem Wort *könnte*.
3. Schreiben Sie mehrere der neuen, positiven Affirmationen von heute auf Haftzettel, kleben Sie die Zettel auf den Spiegel. So können Sie die Affirmationen jedes Mal üben, wenn Sie in den Spiegel schauen.

Ihr Herzgedanke für den 3. Tag:
Ich habe immer eine Wahl

Die meisten von uns haben alberne Vorstellungen darüber, wer wir sind, und viele starre Regeln, nach denen das Leben angeblich gelebt werden sollte. Entfernen wir das Wort *sollte* für alle Zeit aus unserem Vokabular! *Sollte* ist ein Wort, das uns zu Gefangenen macht. Jedes Mal, wenn wir das Wort *sollte* benutzen, ist das ein Vorwurf an uns selbst oder andere. Tatsächlich sagen wir damit: *Ich bin nicht gut genug.* Oder: *Du bist nicht gut genug.*

Was können Sie ab jetzt aus Ihrer *Sollte*-Liste streichen? Ersetzen Sie das Wort *sollte* durch das Wort *könnte*. *Könnte* sagt Ihnen, dass Sie eine Wahl haben, und wählen zu können bedeutet Freiheit. Alles, was wir im Leben tun, beruht auf einer Wahl, die wir getroffen haben. Es gibt wirklich nichts, was wir tun *müssen*. Wir haben immer eine Wahl.

Meditation für den 3. Tag:
Sie verdienen Liebe

Sehen Sie sich selbst von Liebe umgeben. Sehen Sie sich glücklich und gesund. Und sehen Sie Ihr Leben so, wie Sie es sich wünschen, malen Sie es sich in allen Details aus. Machen Sie sich klar, dass Sie dieses Glück verdienen. Lassen Sie dann die Liebe aus Ihrem Herzen hervorströmen. Spüren Sie, wie sich der Körper mit heilenden Energien füllt. Lassen Sie Ihre Liebe hinaus ins Zimmer strömen und es erfüllen. Umhüllen Sie Ihr Zuhause mit Ihrer Liebe, bis Sie sich in einem riesigen Kreis der Liebe befinden. Fühlen Sie, wie die Liebe in einer Kreisbewegung von Ihnen ausgeht und dann vielfach vermehrt zu Ihnen zurückkehrt.

Liebe ist die mächtigste Heilkraft, die es gibt. Lassen Sie Ihren Körper von ihr durchströmen. Sie selbst sind Liebe. Und so sei es.

TAG 4

Die Vergangenheit loslassen

*Heute werden Sie damit beginnen
loszulassen, Schuldzuweisungen und Vorwürfe
hinter sich zu lassen und vorwärtszugehen.*

Wie ist es gestern gelaufen? Haben Sie den Eindruck, dass Sie lernen, sich von altem Schmerz zu lösen und den inneren Dialog positiver zu gestalten? Ich bin stolz auf Sie, weil Sie sich selbst genug lieben, um die Übungen in diesem Buch täglich zu machen und mit der Spiegelarbeit die alten inneren Programmierungen zu löschen.

Von der frühen Kindheit an wird alles, was uns gesagt wurde, alles, was wir selbst sagten, und alles, was wir taten – alle unsere Erfahrungen –, in unserem Zentrum, dem Solarplexus, gespeichert. Ich stelle mir gerne vor, dass dort kleine Helferlein unermüdlich alle Gedanken und Erfahrungen aufzeichnen und diese Bandaufnahmen in entsprechenden Ordnern ablegen.

Bei vielen von uns sind dort zahlreiche Bänder unter den Labeln *Ich bin nicht gut genug. Ich werde es nie schaffen. Ich mache immer alles falsch* archiviert. Unser inneres Archiv quillt förmlich über mit diesen alten, negativen Aufzeichnungen.

Heute werden wir bei unseren kleinen Helferlein für eine Überraschung sorgen. Wir machen nämlich wieder Spiegelarbeit und schicken neue Botschaften in unser inneres Zentrum: *Ich löse mich jetzt von allen Schuldgefühlen. Ich bin bereit zu vergeben.* Unsere inneren Helfer werden diese neuen Botschaften empfangen und sagen: »Was ist denn das? Wo sollen wir es archivieren? Das hatten wir ja noch nie!«

Können Sie sich vorstellen, wie wunderbar es wäre, wenn Sie jeden Tag eine neue Möglichkeit kennenlernen, die Vergangenheit loszulassen und in Ihrem Leben Harmonie zu erschaffen? Meine lieben Leserinnen und Leser, mit der täglichen Spiegelarbeit haben Sie bereits damit begonnen. So räumen Sie die Blockaden aus der Vergangenheit beiseite. Mit jedem Tag, an dem Sie vor dem Spiegel eine Affirmation sprechen, entfernen Sie eine weitere Blockade. Und worum handelt es sich bei diesen Blockaden aus der Vergangenheit, die Sie daran hindern, ein glückliches, erfülltes Leben zu führen? Welche Hindernisse halten Sie davon ab, sich selbst und anderen zu vergeben.

Ich glaube, es fällt uns schwer, unsere inneren Blockaden zu identifizieren, weil wir uns ihrer einfach nicht bewusst sind. Wir wissen, was in unserem Leben nicht funktioniert. Wir wissen auch, was wir uns wünschen, aber wir wissen nicht, was uns daran hindert, unsere Wünsche zu verwirklichen.

Alles in Ihrem Leben ist ein Spiegel dessen, was Sie sind. So, wie ein Spiegel Ihr Äußeres reflektiert, spiegeln sich Ihre inneren Überzeugungen in Ihren Lebenserfahrungen. Sie brauchen sich nur Ihre Erfahrungen anzuschauen, dann sehen Sie, woran Sie glauben. Wenn Sie die Menschen in Ihrem Leben betrachten, wird Ihnen klar werden, dass diese Menschen Glaubenssätze widerspiegeln, die Sie über sich selbst hegen. Wenn man Sie bei der Arbeit ständig kritisiert, liegt das höchstwahrscheinlich daran, dass Sie sich selbst kritisieren und in die Rolle des Elternteils geschlüpft sind, von dem Sie in der Kindheit kritisiert wurden.

Denken Sie daran: Wenn sich etwas, das in Ihrem Leben geschieht, unangenehm anfühlt, haben Sie die Gelegenheit, nach innen zu schauen und sich zu fragen: *Wie trage ich zu dieser Erfahrung bei? Welcher Teil von mir glaubt, es nicht anders zu verdienen? Wie kann ich diesen Glauben verändern? Wie kann ich mir verzeihen und lernen, loszulassen und vorwärtszugehen?*

Affirmieren wir nun gemeinsam: *Ich löse mich jetzt von alten, einschränkenden Glaubenssätzen. Ich lasse los und schaffe mir inneren Frieden.*

Spiegel-Übung für den 4. Tag

1. Stellen Sie sich vor Ihren Badezimmerspiegel.
2. Atmen Sie tief ein und lassen Sie mit dem Ausatmen alle Anspannung von Ihnen abfallen.
3. Betrachten Sie Ihre Stirn im Spiegel und stellen Sie sich vor, dass Sie einen Knopf drücken, worauf eine CD mit Ihren alten Glaubenssätzen und negativen Gedanken ausgeworfen wird, die bislang ständig in Ihrem Kopf abgespielt wurde. Fassen Sie sich an die Stirn und stellen Sie sich vor, dass Sie diese CD herausnehmen und wegwerfen.
4. Schauen Sie sich nun tief in die Augen und sagen Sie zu sich: »Jetzt erstellen wir eine neue CD mit positiven Vorstellungen und Affirmationen.«
5. Sprechen Sie diese Affirmationen laut: Ich bin bereit loszulassen. Ich lasse die alten, negativen Vorstellungen hinter mir. Ich löse mich von aller Wut. Ich löse mich von allen Schuldgefühlen. Ich löse mich von aller Traurigkeit. Ich löse mich von alten Einschränkungen und negativen Glaubenssätzen. So erschaffe ich inneren Frieden. Ich bin im Frieden mit mir selbst. Ich bin in Harmonie mit dem Leben. Ich bin sicher und behütet.
6. Wiederholen Sie diese Affirmationen zwei- bis dreimal.
7. Wenn Sie während des Tages mit Schwierigkeiten konfrontiert sind, nehmen Sie den Taschenspiegel heraus und wiederholen Sie die Affirmationen. Prägen Sie sich die Affirmationen gut ein, sodass sie zu einem festen Bestandteil des Alltags werden.

Ihre innere Kraft:
Tagebuch-Übung für den 4. Tag

1. Ich stelle immer wieder fest, dass die Probleme in unserem Leben fast immer auf das zurückzuführen sind, was ich die »Großen Vier« nenne: Kritik, Angst, Schuldgefühle und Groll. Legen Sie in Ihrem Tagebuch vier Spalten an, eine für jede der vier Kategorien, und schreiben Sie den jeweiligen Begriff darüber. Überlegen Sie, welche Rolle die »Großen Vier« in Ihrem Leben spielen. Schreiben Sie Ihre Gedanken und Gefühle zu jeder der vier Kategorien in die jeweilige Spalte.

2. Nehmen Sie die zwei Kategorien, zu denen Sie bei Schritt 1 das meiste geschrieben haben. Notieren Sie dazu jeweils zehn positive Affirmationen. Wenn eine der zwei Kategorien zum Beispiel der Groll ist, können Sie Affirmationen schreiben wie: *Ich entscheide mich jetzt, allen Schmerz und Groll hinter mir zu lassen. Je mehr Groll ich auflöse, desto mehr Liebe kann ich geben.*

3. Alles im Leben ist ein Spiegel dessen, was wir sind. Überlegen Sie, welche Menschen Sie in Ihrem Umfeld als schwierig empfinden. Schreiben Sie auf, welche ihrer Verhaltensweisen Sie besonders stören.

4. Schauen Sie sich die Verhaltensweisen an, die Sie in Schritt 3 notiert haben. Schreiben Sie auf, wie sich in jeder dieser von Ihnen als störend oder ärgerlich empfundenen Verhaltensweisen ein Glaubenssatz widerspiegelt, den Sie über sich selbst hegen. Notieren Sie außerdem, was Sie durch die heutigen Übungen über sich selbst gelernt haben.

Ihr Herzgedanke für den 4. Tag:
Ich kann loslassen

Wir entwickeln Gewohnheiten und Verhaltensmuster, weil sie uns auf irgendeine Weise nützlich sind. Es ist verblüffend, wie viele Krankheiten wir allein deshalb erzeugen, um die Eltern zu bestrafen. Das mag unbewusst geschehen – was tatsächlich in den meisten Fällen zutrifft. Wenn wir aber bewusst nach innen schauen, erkennen wir das Muster. Oft erzeugen wir Negativität, weil wir nicht wissen, wie wir mit bestimmten Lebensbereichen umgehen sollen. Wenn das auf Sie zutrifft, fragen Sie sich: *Was tut mir leid? Was macht mich wütend? Welchen Dingen weiche ich aus? Warum glaube ich, mich auf diese Weise schützen zu können?*

Wenn Sie nicht bereit sind, etwas Negatives aufzugeben – weil es Ihnen irgendwie von Nutzen ist –, werden Sie sich nicht davon befreien können. Haben Sie sich aber einmal entschlossen, vorwärtszugehen und Negatives hinter sich zu lassen, werden Sie staunen, wie einfach das ist.

Meditation für den 4. Tag:
Ein neues Jahrzehnt

Sehen Sie, wie sich eine neue Tür öffnet zu einem Jahrzehnt großer Heilung für uns alle – einer Heilung, für die uns in der Vergangenheit die nötige Bewusstheit fehlte. Wir befinden uns in einem Lernprozess, bei dem wir entdecken, über welche unglaublichen inneren Fähigkeiten wir verfügen. Und wir lernen, Verbindung zu jenem Teil von uns aufzunehmen, der die Antwort auf unsere Fragen kennt und uns zu unserem höchsten Wohl hinführen kann.

Sehen Sie, wie diese neue Tür sich weit öffnet. Imaginieren Sie, dass Sie die Tür durchschreiten und dahinter Heilung finden, und zwar auf vielfältige Weise, weil die Menschen verschieden sind und deshalb Heilung für sie Unterschiedliches bedeuten kann. Manche von uns benötigen Heilung auf der körperlichen Ebene. Manche brauchen Heilung des Geistes. Also sind wir offen und empfänglich für die Formen der Heilung, die der einzelne Mensch gerade benötigt. Wir öffnen die Tür weit für persönliches Wachstum. Wir durchschreiten sie im sicheren Wissen, stets beschützt und geborgen zu sein. Und so sei es.

TAG 5

Selbstachtung entwickeln

*Heute lernen Sie, sich selbst mehr zu lieben und
zu achten sowie dankbar zu erkennen,
dass Körper, Geist und Seele Wunder sind,
die es wertzuschätzen gilt.*

Wie haben Sie sich gefühlt, als Sie heute Morgen aufwachten? Haben Sie beim Blick in den Spiegel gelächelt und gesagt: *Ich liebe dich, ich liebe dich wirklich?* Fangen Sie an, diese Affirmation zu glauben? In den meisten Fällen beginnt das Leben sich schon nach ein paar Tagen Spiegelarbeit zu verändern. Vielleicht lächeln Sie heute öfter. Vielleicht fühlen Sie sich viel besser, wenn Sie in den Spiegel schauen und Ihr schönes Gesicht sehen. Vielleicht fühlen Sie sich wohler in Ihrer Haut! Beginnen Sie, den Menschen, der Sie aus dem Spiegel anblickt, zu lieben und wertzuschätzen?

Liebe ist die große Wunderkur. Selbstliebe vollbringt wahre Wunder. Welche Probleme Ihnen auch immer zu schaffen machen – nach meiner Erfahrung gibt es immer eine Lösung, wenn Sie anfangen, sich selbst zu lieben.

Sich selbst zu lieben bedeutet, Ihr gesamtes Sein zu achten, Ihr Inneres und Ihr Äußeres. Seien Sie dankbar für die Wunder des Körpers, des Geistes und der Seele. Selbstliebe ist Wertschätzung in einem Maße, bei dem das Herz überfließt. Sie ist eine unbändige Freude am eigenen Sein und Ihrer Lebendigkeit.

Sich selbst zu lieben ist nur möglich, wenn man das eigene Sein achtet und akzeptiert. Kritisieren und tadeln Sie sich ständig? Glauben Sie, nicht liebenswert zu sein? Leben Sie in Chaos und Unordnung? Ziehen Sie immer wieder Menschen in Ihr Leben, von denen Sie schlecht behandelt werden? Belasten Sie den Körper durch ungesundes Essen und stressige Gedanken?

Wenn Sie in irgendeiner Form Gutes zurückweisen, mangelt es Ihnen an Selbstliebe. Ich arbeitete einmal mit einer Frau, die Kontaktlinsen trug. Durch die Spiegelarbeit befreite sie sich von einer Angst, die ihr seit der Kindheit zu schaffen machte. Nach ein paar Tagen beklagte sie sich, dass ihr die Kontaktlinsen plötzlich starke Beschwerden bereiteten. Sie konnte sie nicht mehr tragen. Als sie die Linsen entfernt hatte, entdeckte sie, dass sie vollkommen klar sehen konnte. Immer wieder sagte sie laut: »Das glaube ich einfach nicht. Das glaube ich einfach nicht.« Das war ihre Affirmation. Am nächsten Tag benötigte sie die Kontaktlinsen wieder. Sie wollte nicht glauben, dass es ihr gelungen war, ihre Sehkraft vollständig zurückzuerlangen, und dieser

Unglaube bewahrheitete sich. Das Universum gab ihr genau das, worum sie gebeten hatte. So mächtig ist unser Denken.

Denken Sie daran, wie vollkommen Sie als kleines Baby waren! Babys müssen sich nicht anstrengen, um vollkommen zu sein. Sie *sind* bereits vollkommen und verhalten sich so, als wüssten sie es. Sie wissen, dass sie der Mittelpunkt des Universums sind. Sie scheuen sich nicht, ihre Wünsche zu äußern. Sie bringen ihre Gefühle frei zum Ausdruck. Wenn ein Baby wütend ist, wissen Sie das sofort – und die ganze Nachbarschaft! Und Sie wissen auch sofort, wenn ein Baby glücklich ist – sein Lächeln erhellt die gesamte Umgebung. Babys sind voller Liebe.

Babys sterben, wenn sie keine Liebe erhalten. Wenn wir älter werden, lernen wir, ohne Liebe zu leben – oder versuchen es jedenfalls. Aber Babys ertragen das nicht. Babys lieben alle Teile ihres Körpers.

Auch Sie waren einmal so. Wir *alle* waren so. Dann fingen wir an, auf die Erwachsenen zu hören, die gelernt hatten, ängstlich zu sein. Und wir verleugneten unsere eigene Großartigkeit.

Schieben Sie heute alle Selbstkritik und alle negativen inneren Dialoge weit von sich. Lösen Sie sich von Ihrer alten Geisteshaltung – jenem Zustand, in dem Sie sich selbst ständig kritisieren und sich gegen positive Veränderungen sträuben. Lösen Sie sich auch davon, was die anderen über Sie denken oder denken könnten.

Affirmieren Sie: *Ich bin gut genug. Ich bin liebenswert.*

Spiegel-Übung für den 5. Tag

1. Stellen Sie sich vor Ihren Badezimmerspiegel.
2. Schauen Sie sich in die Augen.
3. Sprechen Sie folgende Affirmation: *Ich liebe und wertschätze mich.*
4. Sagen Sie das immer wieder: *Ich liebe und wertschätze mich.*
5. Wiederholen Sie diese Affirmation wenigstens hundertmal am Tag. Ja, Sie haben richtig gelesen: hundertmal am Tag. Machen Sie »*Ich liebe und wertschätze mich*« zu Ihrem Mantra.
6. Wiederholen Sie die Affirmation jedes Mal, wenn Sie an einem Spiegel vorbeikommen oder sich in einer Fensterscheibe spiegeln.

Diese Übung habe ich im Lauf der Jahre Hunderten von Menschen empfohlen. Die Resultate sind phänomenal, wenn man beharrlich übt. Es genügt nicht, sich theoretisch mit der Spiegelarbeit zu beschäftigen. Sie müssen sie praktisch anwenden. Dann wird sie Ihr Leben verändern.

Wenn sich negative Gedanken einstellen – etwa: *Wie kann ich mich wertschätzen, obwohl ich so dick bin?* Oder: *Es ist Unsinn anzunehmen, ich könnte mein Denken verändern.* Oder: *Ich bin nicht gut genug* –, bekämpfen und verurteilen Sie diese Gedanken nicht. Lassen Sie sie einfach da sein. Konzentrieren Sie sich auf das, was Sie wirklich wollen, nämlich sich selbst lieben und wertschätzen. Lösen Sie sich sanft von anderen Gedanken, die dem widersprechen, und konzentrieren Sie sich auf: *Ich liebe und wertschätze mich.*

Bei der Spiegelarbeit dringen wir wieder zu unserem wahren Sein vor. Wir erleben, wie wir sind, wenn wir uns selbst nicht kritisieren oder verurteilen.

Ihre innere Kraft:
Tagebuch-Übung für den 5. Tag

1. Scheiben Sie einige Ihrer Verhaltensweisen auf, die Ausdruck von mangelnder Selbstliebe und einem geringen Selbstwertgefühl sind. Kritisieren Sie Ihren Körper? Reden Sie schlecht über sich selbst?
2. Schreiben Sie auf, was anderen Ihrer Meinung nach an Ihnen missfällt. Notieren Sie zu jeder dieser negativen Aussagen eine Affirmation, die sie in eine positive Aussage verwandelt. Zum Beispiel könnte *Meine Mutter hält mich für zu dick* umgewandelt werden in: *Genau so, wie ich bin, bin ich schön.*
3. Erstellen Sie eine Liste aller Gründe dafür, dass Sie sich lieben. Erstellen Sie eine andere Liste mit den Gründen, warum andere Menschen gerne Zeit mit Ihnen verbringen.
4. Hängen Sie diese liebevollen Listen dort auf, wo Sie sie täglich sehen.

Ihr Herzgedanke für den 5. Tag:
Ich liebe es, ich zu sein

Können Sie sich vorstellen, wie wunderbar es wäre, einfach Ihr Leben zu leben, ohne jemals kritisiert zu werden? Wäre es nicht wunderbar, sich vollkommen akzeptiert zu fühlen? Sie würden morgens aufstehen und wissen, dass Sie ein wundervoller Tag erwartet, weil Sie von allen geliebt würden und niemand Sie kritisieren oder herabsetzen würde. Sie würden sich einfach großartig fühlen.

Und wissen Sie was? Genau das können Sie sich selbst schenken! Sie können sich Ihr Leben wunderbar gestalten. Sie können am Morgen aufwachen und sich darauf freuen, wieder einen Tag mit *Ihnen* zu verbringen.

Meditation für den 5. Tag:
Affirmationen für mehr Selbstachtung

Ich bin jeder Situation gewachsen.

Ich entscheide mich dafür, mich mit mir selbst wohlzufühlen.

Ich verdiene es, mich selbst zu lieben.

Ich stehe auf eigenen Füßen.

Ich akzeptiere und gebrauche meine Macht.

Ich kann gefahrlos meine Wünsche und Bedürfnisse äußern.

Genau so, wie ich bin, werde ich hier und jetzt geliebt und akzeptiert.

Meine Selbstachtung ist hoch, weil ich mein eigenes Sein ehre.

Mein Leben wird von Tag zu Tag wunderbarer. Ich freue mich darauf, was jede neue Stunde bringt.

Ich bin genau richtig und muss mich vor niemandem beweisen.

Das Leben unterstützt mich in jeder Hinsicht.

Mein Bewusstsein ist erfüllt von liebevollen, positiven, gesunden Gedanken, die sich in meinen Erfahrungen widerspiegeln.

Das größte Geschenk, das ich mir selbst machen kann, ist bedingungslose Liebe. Ich liebe mich so, wie ich bin. Ich warte damit nicht, bis ich perfekt bin.

TAG 6

Den inneren Kritiker überwinden

Heute werden Sie die schlechte Angewohnheit
durchbrechen, sich selbst zu kritisieren,
und sich von dem Bedürfnis befreien,
schlecht von sich selbst zu denken und zu reden.

Schauen Sie heute in den Spiegel und nehmen Sie sich einen Moment Zeit, um sich zu beglückwünschen! Sie machen Fortschritte darin, sich selbst zu lieben und wertzuschätzen – oder wenigstens in Ihrer Bereitschaft, dies zu tun. Auch wenn Ihnen der Fortschritt bislang klein erscheinen mag, feiern Sie ihn! Ich jedenfalls beglückwünsche Sie und lobe Sie ausdrücklich dafür, dass Sie sich mit Hingabe der Spiegelarbeit widmen.

Je mehr Spiegelarbeit Sie praktizieren, desto bewusster werden Sie mit Ihrem inneren Dialog umgehen. Wenn ich Sie bitten würde, heute eine Audioaufnahme Ihres inneren Dialogs zu erstellen, was würde man darauf hören? Wären es negative Emotionen wie: *Ich bin dumm. Ich bin furchtbar ungeschickt. Niemand interessiert sich für meine Meinung. Warum gibt es so viele rücksichtslose Menschen?* Nörgelt Ihre innere Stimme herum? Betrachten Sie die Welt mit kritischen Augen? Bewerten und urteilen Sie ständig? Sind Sie selbstgerecht?

Bei vielen von uns ist die Angewohnheit, zu verurteilen und zu kritisieren, derart ausgeprägt, dass sie sich nicht so einfach durchbrechen lässt. Ich selbst habe mich früher auch andauernd beklagt und liebte es, mich in Selbstmitleid zu ergehen. Mir war nicht klar, dass ich damit genau die Situationen anzog und zum Dauerzustand machte, die mir Grund zu meinem Selbstmitleid gaben. Damals wusste ich es nicht besser.

Gerade deshalb ist die Spiegelarbeit so wichtig. Sie offenbart uns, in welchen Situationen wir Kritik üben und der innere Dialog negativ ist. So können wir unseren inneren Kritiker überwinden. Sie werden sich selbst nur lieben können, wenn Sie den Drang überwinden, sich selbst herabzusetzen und zu verurteilen.

Als kleines Kind waren Sie offen für das Leben. Staunend blickten sie in die Welt. Solange Ihnen nicht etwas Angst einjagte oder Ihnen jemand Schaden zufügte, akzeptierten Sie das Leben genau so, wie es war. Später, als Sie erwachsen wurden, fingen Sie an, die Meinungen anderer zu übernehmen. Sie lernten, sich und andere zu kritisieren.

Mir half es, dass ich schließlich anfing, mir selbst wirklich zuzuhören. Ich wurde mir meines inneren Kritikers bewusst und arbeitete daran, meine Neigung zur Selbstkritik zu überwinden. Ich sprach vor dem Spiegel positive Affirmationen, ohne wirklich zu verstehen, was sie bedeuteten. Ich wiederholte sie einfach immer wieder. Mit diesen einfachen Affirmationen fing ich an: *Ich liebe mich. Ich schätze und achte mich.* Dann wagte ich mich an schwierigere heran: *Meine Meinung wird von anderen geschätzt. Ich löse mich jetzt von dem Bedürfnis, mich selbst zu kritisieren. Ich löse mich von dem Bedürfnis, andere zu kritisieren.*

Nach einer Weile bemerkte ich erste positive Veränderungen. Wenn Sie daran arbeiten, Ihren inneren Kritiker zu überwinden, werden auch Sie schon bald merken, dass sich etwas ändert. Ich glaube, dass Kritik unseren Geist verkümmern lässt. Sie verstärkt unseren Glauben, nicht gut genug zu sein. Und ganz sicher bringt sie nicht das Beste in uns zum Vorschein. Doch wenn Sie sich von Ihrem inneren Kritiker befreien, kommen Sie in Kontakt mit Ihrem höheren Selbst.

Wie sieht es also aus? Machen Sie Fortschritte darin, positive Affirmationen auf dem »inneren CD-Player« abzuspielen? Achten Sie bewusst auf Ihre Gedanken und ersetzen Sie negative Gedanken durch positive Affirmationen?

Durch Spiegelarbeit lernen Sie, bewusster mit der inneren Stimme umzugehen. Dadurch wird das Bedürfnis verschwinden, sich selbst ständig zu kritisieren. Und damit werden Sie auch an anderen immer weniger herumnörgeln.

Wenn Sie es okay finden, einfach Sie selbst zu sein, dann werden Sie auch den anderen zugestehen, einfach sie selbst sein. Und über die kleinen Angewohnheiten der Mitmenschen werden Sie sich viel weniger aufregen. Sie werden viel weniger versuchen, die anderen zu ändern. Und wenn Sie die anderen nicht länger verurteilen, werden diese auch Sie nicht mehr verurteilen. Alle werden frei.

Unsere Gefühle sind Gedanken in Aktion. Es gibt keinen Grund, sich wegen ihnen zu schämen oder schuldig zu fühlen. Alle Gefühle erfüllen ihren Zweck, und wenn Sie negative Gedanken aus Ihrem Geist und Ihrem Körper entfernen, schaffen Sie Raum für andere, positivere Gefühle und Erfahrungen.

Affirmieren wir gemeinsam: *Ich kann jetzt gefahrlos meinen inneren Kritiker hinter mir lassen und mich für die Liebe öffnen.*

Spiegel-Übung für den 6. Tag

1. Setzen Sie sich an einem ruhigen Ort, wo Sie ungestört sind, vor einen Spiegel.
2. Schauen Sie in den Spiegel. Blicken Sie sich in die Augen. Falls Ihnen das immer noch Unbehagen bereitet, konzentrieren Sie sich stattdessen auf den Mund oder die Nase. Sprechen Sie mit Ihrem inneren Kind. Ihr inneres Kind möchte gern gedeihen und sich entfalten. Es braucht Liebe, Akzeptanz und Lob.
3. Sprechen Sie jetzt folgende Affirmationen: *Ich liebe dich. Ich liebe dich, und ich weiß, dass du stets dein Bestes gibst. So, wie du bist, bist du vollkommen. Ich schätze und achte dich.*
4. Möglicherweise müssen Sie diese Übung mehrfach wiederholen, bis sich das Gefühl einstellt, dass Ihre innere Stimme weniger kritisch geworden ist. Tun Sie, was sich für Sie richtig anfühlt.

Ihre innere Kraft:
Tagebuch-Übung für den 6. Tag

1. Schreiben Sie fünf Dinge auf, für die Sie sich selbst kritisieren.
2. Gehen Sie die Liste durch und schreiben Sie neben jeden der fünf Punkte das Datum, seit wann Sie sich für die jeweilige Sache kritisieren. Wenn Sie das genaue Datum nicht wissen, geben Sie einen ungefähren Zeitpunkt an.

3. Sind Sie überrascht, wie lange Sie schon an sich selbst herumkritisieren? Diese Angewohnheit hat keinerlei positive Veränderungen bewirkt, nicht wahr? Kritik funktioniert nicht! Sie bewirkt nur, dass Sie sich schlecht fühlen. Seien Sie also bereit, damit aufzuhören.

4. Formulieren Sie jeden der fünf Kritikpunkte zu einer positiven Affirmation um.

5. Tragen Sie diese Liste bei sich. Wenn Sie bemerken, dass Sie sich selbst kritisieren, lesen Sie die Affirmationen auf der Liste ein paarmal durch. Noch besser ist es, sie vor einem Spiegel laut zu lesen.

Ihr Herzgedanke für den 6. Tag:
Ich liebe und akzeptiere mich so, wie ich bin

Wir alle haben in unserem Leben Bereiche, die wir für inakzeptabel und nicht liebenswert halten. Wenn wir sehr wütend auf bestimmte Teile unseres Selbst sind, führt das oft zu selbstschädigendem Verhalten. Wir greifen zu Alkohol, Drogen oder Zigaretten. Wir essen zu viel. Wir machen uns emotional fertig. Zum Schlimmsten, was wir tun, gehört die Selbstkritik. Kaum etwas richtet mehr Schaden an. Hören Sie unbedingt damit auf, sich selbst und andere zu kritisieren! Haben wir uns einmal angewöhnt, uns selbst nicht mehr zu kritisieren, verschwindet zu unserer eigenen Überraschung auch das Bedürfnis, andere zu kritisieren. Wir erkennen dann nämlich, dass jeder Mensch ein Spiegel für uns ist. So, wie wir uns selbst sehen, sehen wir auch die anderen.

Wenn wir uns über jemanden beklagen, beklagen wir uns in Wahrheit über uns selbst. Wenn wir lernen, uns selbst zu lieben und zu akzeptieren, gibt es nichts mehr, worüber wir uns beklagen müssten. Wir können dann uns selbst nicht mehr verletzen und auch keine andere Person. Lassen Sie uns gemeinsam den festen Entschluss fassen, uns selbst nie mehr zu kritisieren.

Meditation für den 6. Tag:
Wir sind frei, wir selbst zu sein

Um ganze, heile Menschen werden zu können, müssen wir uns selbst in jeder Hinsicht akzeptieren. Öffnen Sie daher jetzt Ihr Herz weit für alle Teile Ihres Wesens: die Teile, auf die Sie stolz sind, ebenso wie die Teile, die Ihnen peinlich sind, die Teile, die Sie lieben, ebenso wie die Teile, die Sie nicht lieben. Sie alle gehören zu Ihnen. Sie sind schön; wir alle sind schön. Wenn Ihnen vor Selbstliebe das Herz überfließt, können Sie anderen Menschen viel geben.

Lassen Sie diese Liebe nun Ihre Umgebung erfüllen und zu allen Menschen ausstrahlen, die Sie lieben. Stellen Sie sich vor, dass diese geliebten Menschen im Zentrum des Zimmers stehen, in dem Sie meditieren, sodass sie die Liebe empfangen können, die aus Ihrem Herzen strömt.

Sehen Sie nun, wie die inneren Kinder all dieser Menschen miteinander tanzen, vergnügt Purzelbäume schlagen und voller Freude ihrem Wesen Ausdruck verleihen. Lassen Sie Ihr eigenes inneres Kind mit diesen Kindern spielen. Lassen Sie Ihr Kind tanzen. Stellen Sie sich vor, dass Ihr inneres Kind sich sicher und frei fühlt. Lassen Sie es alles sein, was es schon immer sein wollte.

Sie sind ein vollkommener, sich auf wunderbare Weise kreativ entfaltender Mensch. Alles ist gut in Ihrer Welt. Und so sei es.

TAG 7

Selbstliebe: Eine Bestandsaufnahme nach der ersten Woche

Heute werden Sie sich anschauen, was Sie bereits erreicht haben – wie weit Sie sich von alten Glaubenssätzen befreien konnten und welche zukünftigen Möglichkeiten Sie für sich entdeckt haben.

Meine lieben Leserinnen und Leser, herzlichen Glückwunsch! Die erste Woche Spiegelarbeit ist geschafft. Ich bin wirklich stolz auf Sie, dass Sie jetzt schon seit sieben Tagen diesen Kurs durchziehen und Spiegelarbeit praktizieren.

Spiegelarbeit braucht Zeit, und ich freue mich sehr, dass Sie sich diese 21 Tage gönnen, um diese segensreiche Methode zu erlernen. Je mehr Sie üben, desto einfacher wird es. Es ist okay, wenn Sie sich beim Blick in den Spiegel auch jetzt noch etwas sonderbar vorkommen. Den meisten von uns fällt es anfangs schwer, zu sich selbst zu sagen: *Ich liebe dich, ich liebe dich wirklich.* Es kann mehrere Wochen, manchmal einen ganzen

Monat dauern, bis wir uns wirklich wohl dabei fühlen, diese liebevollen Worte zu uns selbst zu sagen. Doch wenn es Ihnen gelingt, diese Affirmation mit einem immer besseren Gefühl anzuwenden, werden sich schon bald positive Veränderungen in Ihrem Leben einstellen.

Während der letzten sieben Tage haben Sie sich mit dem Spiegel angefreundet. Er ist zu einem ständigen Gefährten geworden. Sie haben gelernt, ihn zu nutzen, um bewusster zu sprechen und zu handeln. Sie haben sich die Zeit genommen, auf Ihren inneren Dialog zu achten und positive Affirmationen aufzusagen.

Erneut möchte ich betonen, dass die Spiegelarbeit ein Akt wahrer Liebe ist. Sie ist eines der liebevollsten Geschenke, das Sie sich selbst machen können. Mit jedem Tag, an dem Sie Spiegelarbeit praktizieren, werden Sie sich immer mehr in sich selbst verlieben. Und am liebevollsten sorgen Sie für sich, wenn Sie den alten Müll aus Ihrem Geist entfernen – Schuldgefühle, Groll, unerfreuliche Geschichten, alles, was Ihrem Glück im Weg steht –, sodass Sie frei werden, in der Gegenwart zu leben. Wir alle haben uns daran gewöhnt, die negativen Behauptungen zu glauben, die wir seit der Kindheit zu hören bekommen. Wenn es Ihnen gelingt, diese negativen Affirmationen in positive Aussagen für Ihre Spiegelarbeit umzuwandeln, können Sie Ihren alten Schmerz überwinden. Dann wartet eine bessere Zukunft auf Sie!

Mit jedem Tag beharrlicher Spiegelarbeit räumen Sie eine der negativen Schichten der Vergangenheit beiseite. Jedes Mal, wenn Sie vor dem Spiegel eine Affirmation sprechen, beseitigen Sie eine innere Blockierung. Diese negativen Schichten haben sich im Lauf vieler Jahre gebildet. Sie sind wie die Steine einer großen Mauer. Es braucht seine Zeit, diese Mauer niederzureißen, aber beginnen Sie einfach, indem Sie Stein für Stein aus dem Weg räumen. Mit jedem Stein, den Sie entfernen, lassen Sie mehr Licht und Liebe herein. Wenn Sie anfangen, die positiven Affirmationen zu glauben, wird immer mehr von dieser wunderbaren Liebe die Mauern der Vergangenheit durchbrechen. Wie Ihre Probleme auch aussehen mögen, die beste Lösung besteht immer darin, sich selbst zu lieben.

Wenn sich dann ab und zu Ihr innerer Kritiker doch noch einmal zu Wort meldet, ist das okay. Denn Sie können sich stets an Ihren Freund und Gefährten wenden – den Spiegel. Schauen Sie sich tief in die Augen und sagen Sie: *Ich verdiene es, geliebt zu werden.* Und setzen Sie die Spiegelarbeit konsequent fort. Sie sind auf einem guten Weg!

Affirmieren wir gemeinsam: *Ich bin stolz darauf und beglückwünsche mich dazu, dass ich mir nun schon eine Woche lang in Form meiner Spiegelarbeit Liebe geschenkt habe. Ich öffne mich für eine neue Bewusstheit, durch die ich mich selbst in einem völlig neuen Licht sehe.*

Spiegel-Übung für den 7. Tag

1. Stellen Sie sich vor Ihren Badezimmerspiegel.
2. Schauen Sie sich in die Augen.
3. Sprechen Sie die folgenden Affirmationen: *Ich liebe dich, ich liebe dich wirklich. Und ich bin so stolz auf dich, weil du deine Spiegelarbeit machst.*
4. Wiederholen Sie diese Affirmationen zehnmal, wobei Sie Ihren Namen einfügen: *Ich liebe dich, [Ihr Name]. Ich liebe dich wirklich. Ich liebe dich, [Ihr Name]. Ich liebe dich wirklich. Und ich bin so stolz auf dich, weil du deine Spiegelarbeit machst.*
5. Betrachten Sie Ihre Stirn im Spiegel und stellen Sie sich vor, dass Sie einen Knopf drücken und eine CD mit alten Glaubenssätzen und negativen Gedanken ausgeworfen wird, die ständig in Ihrem Kopf abgespielt wurde. Fassen Sie sich an die Stirn und stellen Sie sich vor, dass Sie diese CD herausnehmen und wegwerfen.
6. Schauen Sie sich jetzt tief in die Augen und stellen Sie sich vor, dass Sie eine neue CD mit positiven Affirmationen erstellen: *Ich bin bereit loszulassen. Ich bin liebenswert. So, wie ich bin, bin ich vollkommen.*

Ihre innere Kraft:
Tagebuch-Übung für den 7. Tag

1. Schlagen Sie in Ihrem Tagebuch die Übung für den 1. Tag auf.
2. Lesen Sie, welche Gefühle und Beobachtungen Sie nach der Spiegel-Übung des ersten Tages notiert haben.
3. Schreiben Sie jetzt auf eine neue Seite Ihre Gefühle und Beobachtungen am Ende der ersten Woche. Fallen Ihnen die Spiegel-Übungen inzwischen leichter? Fühlen Sie sich beim Blick in den Spiegel wohler?
4. Notieren Sie, in welchen Lebensbereichen die Spiegel-arbeit bisher am meisten bewirkt. Notieren Sie dann die Bereiche, die Sie als besonders schwierig empfinden.
5. Denken Sie sich neue Affirmationen aus, die Ihnen in den Lebensbereichen helfen, wo Ihnen starke Blockaden zu schaffen machen.

Ihr Herzgedanke für den 7. Tag:
Alle meine Erfahrungen sind genau richtig für mich

Seit dem Tag unserer Geburt haben wir immer wieder neue Türen durchschreiten müssen. Schon die Geburt war eine große Tür und eine große Veränderung, und seitdem mussten wir noch durch viele andere Türen gehen.

Wir haben alles in diese Welt mitgebracht, was wir be-nötigen, um ein erfülltes, reiches Leben zu führen. Wir verfügen über alle Weisheit, alles Wissen, das wir benö-tigen. Wir besitzen alle Talente und Fähigkeiten, die wir benötigen. Wir haben alle Liebe, die wir brauchen. Das Leben ist hier, um uns zu unterstützen und gut für uns zu sorgen. Wir können hundertprozentig darauf vertrauen, dass das so ist.

Ständig öffnen und schließen sich Türen für uns, und wenn wir sicher in uns selbst ruhen, kann uns nichts geschehen, ganz gleich welches Tor wir durchschreiten. Selbst wenn wir durch die für uns letzte Tür auf diesem Planeten gehen, ist das nicht das Ende. Es ist der Anfang für ein weiteres neues Abenteuer! Vertrauen Sie darauf, dass Veränderungen normal und natürlich sind.

Heute ist ein neuer Tag. Wir werden wunderbare neue Erfahrungen machen. Wir werden geliebt. Wir sind sicher und behütet.

Meditation für den 7. Tag:
Ich bin ein geistiges Wesen

Nur wir allein können die Welt retten. Wenn wir uns zusammenschließen, um Gutes zu tun, finden wir die Antworten. Wir müssen immer daran denken, dass ein Teil unseres Wesens weit mehr ist als unser Körper, unsere Persönlichkeit oder unsere Krankheiten und weit mehr als unsere Vergangenheit. Es gibt einen Teil in uns, der weit mehr ist als unsere Beziehungen zu anderen Menschen. Unser wahrer Wesenskern, unser Zentrum, ist reiner Geist. Er ist ewig. Er hat immer schon existiert und wird immer existieren. Wir sind hier, um uns selbst zu lieben und einander zu lieben. Indem wir das tun, finden wir die richtigen Wege, um uns selbst und den Planeten zu heilen.

Wir leben in außergewöhnlichen Zeiten. Es finden gegenwärtig große Veränderungen statt. Auch wenn wir die Probleme möglicherweise nicht völlig verstehen, halten wir uns doch über Wasser, so gut wir können. Auch das geht vorüber, und wir werden Lösungen für unsere Probleme finden. Wir treten auf der spirituellen Ebene miteinander in Verbindung, denn auf der Ebene des Geistes sind wir alle eins. Wir sind frei. Und so sei es.

ZWEITE WOCHE

TAG 8

Das innere Kind lieben – 1. Teil

*Heute werden Sie an dem Erwachsenen
vorbeischauen, den Sie im Spiegel sehen, und
Ihrem inneren Kind begegnen.*

Dies ist ein sehr wichtiger Tag bei Ihrer Spiegelarbeit!
Nehmen Sie meine Hand, dann gehen wir gemeinsam
zum Spiegel. Schauen Sie sich tief in die Augen. Sehen
Sie hinter dem Erwachsenen im Spiegel Ihr inneres Kind
und begrüßen Sie es.

Es spielt keine Rolle, wie alt Sie sind. In Ihnen
gibt es ein kleines Kind, das Liebe und Anerkennung
braucht. Wenn Sie eine Frau sind, lebt in Ihnen, auch
wenn Sie noch so stark und selbstständig sind, ein
kleines Mädchen, das sehr empfindsam ist und Hilfe
braucht. Wenn Sie ein Mann sind, lebt in Ihnen,
auch wenn Sie über großes Selbstvertrauen verfügen,
ein kleiner Junge, der nach Wärme und Zuneigung
hungert.

Schauen Sie also in den Spiegel. Sehen Sie Ihr inneres Kind? Ist dieses Kind glücklich? Was möchte das Kind Ihnen mitteilen?

Jede Lebensphase existiert noch in Ihnen – in Ihrem Bewusstsein und Ihrer Erinnerung. Wenn Sie in der Kindheit eine unangenehme Erfahrung machten, zogen Sie daraus häufig den Schluss, dass mit Ihnen etwas nicht in Ordnung sei. Kinder entwickeln die Vorstellung, dass, wenn sie nur alles richtig machen könnten, ihre Eltern sie lieben und nicht bestrafen würden.

Oft geschieht es im Alter von fünf Jahren, dass wir uns innerlich verschließen. Wir treffen diese Entscheidung, weil wir denken, dass etwas mit uns nicht stimmt. Deshalb wollen wir mit diesem Kind, das anscheinend von der Umwelt nicht akzeptiert wird, nichts mehr zu tun haben.

Es gibt in uns auch eine Mutter und einen Vater. Bei den meisten Menschen schelten diese inneren Eltern das innere Kind in einem fort. Wenn Sie auf Ihren inneren Dialog achten, werden Sie dieses Schimpfen hören. Sie hören dann, wie Mutter oder Vater Ihnen sagen, was Sie falsch machen, oder dass Sie nicht gut genug sind.

Daher begannen wir in der Kindheit einen inneren Krieg. Wir fingen an, uns selbst so zu kritisieren, wie wir von den Eltern kritisiert wurden: *Du bist dumm. Du bist nicht gut genug. Musst du immer alles falsch machen?* Diese ständige Kritik ist zu einer festen Gewohnheit geworden. Heute, als Erwachsene, ignorieren wir entweder unser inneres Kind oder kritisieren und beschimpfen es, so wie wir früher kritisiert und beschimpft wurden. Dieses Muster wiederholen wir ständig.

Jedes Mal, wenn Sie Angst verspüren, bedeutet das, dass das Kind in Ihnen Angst hat. Der Erwachsene hat keine Angst, aber er ist nicht in Kontakt mit sich selbst und vernachlässigt sein Kind. Der Erwachsene und das Kind müssen eine gesunde Beziehung zueinander entwickeln.

Und wie können Sie Verbindung zu Ihrem inneren Kind aufnehmen? Der erste Schritt besteht darin, Ihr Kind durch die Spiegelarbeit kennenzulernen. Wer ist dieses Kind? Warum ist es unglücklich? Was können Sie tun, damit es sich geborgen und geliebt fühlt?

Sprechen Sie mit Ihrem inneren Kind über alles, was Sie tun. Ich weiß, das klingt möglicherweise ziemlich komisch, aber es funktioniert. Lassen Sie das innere Kind wissen, dass Sie es niemals im Stich lassen werden, was auch geschieht, sondern dass Sie immer für es da sind und es bedingungslos lieben.

Alles, was Ihr inneres Kind sich wünscht, ist Zuwendung und Liebe. Wenn Sie sich jeden Tag etwas Zeit nehmen, um diese kleine Person in Ihnen kennenzulernen, wird Ihr Leben sich beträchtlich verbessern.

Affirmieren wir gemeinsam: *Ich bin bereit, mein inneres Kind zu lieben und zu akzeptieren.*

Spiegel-Übung für den 8. Tag

1. Suchen Sie ein Foto von sich, auf dem Sie im Alter von fünf Jahren zu sehen sind. Kleben Sie das Foto auf Ihren Badezimmerspiegel.

2. Betrachten Sie das Foto ein paar Minuten. Was sehen Sie? Sehen Sie ein glückliches Kind? Ein Kind, dem es nicht gut geht?

3. Sprechen Sie vor dem Spiegel mit Ihrem inneren Kind. Sie können dabei das Foto betrachten oder sich selbst in die Augen schauen – tun Sie, was sich angenehmer anfühlt. Wenn Sie als Kind einen Spitznamen hatten, können Sie es mit diesem Namen anreden. Es ist besser, wenn Sie vor dem Spiegel sitzen, denn im Stehen ist die Versuchung größer, einfach aus dem Zimmer zu rennen, wenn schwierige Gefühle hochkommen. Setzen Sie sich also hin, halten Sie Papiertaschentücher bereit und reden Sie.

4. Öffnen Sie Ihr Herz und sprechen Sie offen und ehrlich mit Ihrem Kind.

5. Wenn alles gesagt ist, sprechen Sie folgende Affirmation: *Ich liebe dich, mein Kind. Ich bin immer für dich da. Du bist sicher und geborgen.*

Ihre innere Kraft:
Tagebuch-Übung für den 8. Tag

1. Für diese Übung brauchen Sie Malkreide, Buntstifte oder farbige Filzstifte.
2. Zeichnen Sie mit Ihrer nichtdominanten Hand – der Hand, mit der Sie nicht schreiben – ein Bild von sich als Kind. Seien Sie kreativ!
3. Kleben Sie die Zeichnung an den Badezimmerspiegel.
4. Betrachten Sie die Zeichnung und sprechen Sie mit Ihrem inneren Kind.
5. Stellen Sie ihm die folgenden Fragen, und schreiben Sie die Antworten in Ihr Tagebuch: *Was magst du? Was magst du nicht? Wovor hast du Angst? Was brauchst du? Was kann ich tun, um dich glücklich zu machen?*
6. Schließen Sie die Augen und nehmen Sie sich ein paar Minuten Zeit, um darüber nachzudenken, was Sie über Ihr inneres Kind herausgefunden haben.

Ihr Herzgedanke für den 8. Tag:
Ich schenke meinem inneren Kind Liebe und beschütze es

Sorgen Sie gut für Ihr inneres Kind. Es ist das Kind, das verletzt ist. Es ist das Kind, das Angst hat. Es ist das Kind, das nicht ein und aus weiß.

Seien Sie für Ihr Kind da. Nehmen Sie es in den Arm, lieben Sie es, tun Sie, was in Ihrer Macht steht, um gut für seine Bedürfnisse zu sorgen. Lassen Sie Ihr Kind wissen, dass es sich immer auf Sie verlassen kann. Sie werden sich niemals von ihm abwenden oder es im Stich lassen. Sie werden dieses Kind immer lieben.

Meditation für den 8. Tag:
Entspannen Sie sich

Atmen Sie tief und entspannt durch und schließen Sie die Augen. Atmen Sie erneut tief durch und lassen Sie Ihren Körper sich entspannen. Richten Sie die Aufmerksamkeit auf Ihre Zehen und entspannen Sie sie. Entspannen Sie nun die Fußsohlen, die Fersen und die Knöchel. Lassen Sie Ihre Füße ganz schwer werden. Lassen Sie diese Entspannung sich zu den Waden und Knien ausbreiten. Lassen Sie die Wärme und Entspannung von dort in die Oberschenkel strömen, die ebenfalls schwerer werden.

Lassen Sie jetzt die Hüften und das Gesäß sich entspannen. Lassen Sie die Entspannung durch die Körpermitte hinauf in die Brust fließen, von wo sie durch das Schlüsselbein in die Schultern fließt. Entspannen Sie die Oberarme. Entspannen Sie die Ellbogen. Entspannen Sie die Unterarme, Handgelenke und Hände. Lassen Sie den letzten Rest Anspannung durch die Fingerspitzen abfließen. Entspannen Sie den Nacken, dann den Kiefer, die Wangen und alle Muskeln um Ihre Augen. Entspannen Sie die Stirn und die Kopfhaut. Lassen Sie los. Lassen Sie los. Entspannen Sie sich.

TAG 9

Das innere Kind lieben – 2. Teil

Heute werden Sie die Spiegelarbeit nutzen,
um Vergebung zu praktizieren und das
wundervolle Kind in Ihnen lieben zu lernen.

Wie geht es Ihnen und Ihrem inneren Kind heute? Haben
Sie sich schon etwas besser kennengelernt? Ich habe festgestellt, dass die Arbeit mit dem inneren Kind äußerst
wertvoll und lohnend ist. Sie hilft uns, Wunden aus
der Vergangenheit zu heilen. Oft sind wir nicht in Kontakt mit den Gefühlen des ängstlichen Kindes in uns.

Wenn Ihre Kindheit angefüllt war mit angstauslö-
senden Situationen, mit verbaler oder gar körperlicher
Gewalt, haben Sie sehr wahrscheinlich die Angewohnheit entwickelt, sich selbst niederzumachen. Damit behandeln Sie Ihr inneres Kind genauso, wie es früher
von den Erwachsenen in seiner Umgebung behandelt
wurde. Und Ihr inneres Kind kann nicht vor Ihnen flie-
hen. Es ist Ihnen ausgeliefert.

Bei vielen von uns ist das innere Kind einsam. Es fühlt sich verloren und abgelehnt. Vielleicht bestand unser Kontakt zu unserem inneren Kind lange Zeit nur darin, es zu kritisieren und auszuschimpfen. Und dann wundern wir uns, warum wir unglücklich sind! Solange wir einen Teil von uns schlecht behandeln und ablehnen, können wir nicht in Harmonie leben.

Daher wollen wir heute die Spiegelarbeit nutzen, um die begrenzten Vorstellungen der Eltern hinter uns zu lassen und Verbindung zu dem einsamen, unglücklichen Kind in uns aufzunehmen. Wir werden Vergebung praktizieren und damit beginnen, dieses wunderbare innere Kind zu lieben. Dieses Kind muss unbedingt wissen, dass wir gut für es sorgen.

Die meisten Menschen haben viele Gefühle und Verletzungen aus der Vergangenheit tief in sich vergraben. Das innere Kind lieben zu lernen braucht Zeit. Nehmen Sie sich diese Zeit. Machen Sie diese Übungen immer wieder. Sie werden es schaffen, das verspreche ich Ihnen.

Ihr inneres Kind folgt immer noch den Glaubenssätzen, die Sie in der Kindheit entwickelt haben. Wenn Ihre Eltern starre Vorstellungen hatten und Sie heute hart gegen sich selbst sind und Schutzwälle um sich errichten, dann folgt Ihr inneres Kind vermutlich noch immer den starren Regeln Ihrer Eltern. Wenn Sie wegen jedes kleinen Fehlers mit sich schimpfen, wacht Ihr inneres Kind vermutlich schon am Morgen ängstlich auf und denkt: *Weswegen wird mein Vater/meine Mutter mich heute wieder ausschimpfen?*

Was die Eltern uns in der Kindheit antaten, war das Produkt ihres Bewusstseins. Heute sind wir die Eltern. Wir benutzen unser eigenes Bewusstsein. Wenn Sie sich immer noch weigern, sich um Ihr inneres Kind zu kümmern, sind Sie in Ihrer eigenen Verbitterung gefangen. Das deutet darauf hin, dass es einen Menschen gibt, dem Sie unbedingt vergeben sollten. Worüber sind Sie verbittert? Es muss etwas geben, bei dem es längst überfällig ist, dass Sie vergeben und es loslassen. Gibt es etwas, das Sie sich selbst nicht verzeihen können?

Visualisieren Sie einstweilen, dass Sie Ihr inneres Kind an der Hand nehmen und in den nächsten Tagen alles gemeinsam machen. Schauen Sie, was Sie Schönes zusammen unternehmen können. Das mag Ihnen albern vorkommen, aber probieren Sie es bitte trotzdem aus. Es funktioniert wirklich! Erschaffen Sie eine wunderschöne Zeit für sich und Ihr inneres Kind. Das Universum wird darauf reagieren, und Sie werden herausfinden, wie Sie Ihr inneres Kind und den Erwachsenen, der Sie heute sind, heilen können.

Wie Ihre Kindheit auch gewesen sein mag – glücklich oder traurig –, heute sind Sie ganz allein für Ihr Leben verantwortlich. Sie können Ihre Zeit damit vergeuden, verbittert den Eltern die Schuld zu geben, oder Sie können sich für die Liebe öffnen.

Liebe ist das beste Heilmittel, das ich kenne. Sie vermag den Schmerz der schrecklichsten Erinnerungen auszulöschen, weil sie tiefer geht als alles andere. Denken Sie einen Moment nach: Wünschen Sie sich ein Leben voller Schmerz oder ein Leben in Freude? Sie können selbst wählen, wie Ihr zukünftiges Leben aussehen soll, und es steht in Ihrer Macht, sich dieses Leben zu ermöglichen. Schauen Sie sich in die Augen und schenken Sie sich selbst und dem kleinen Kind in Ihnen Liebe.

Affirmieren wir gemeinsam: *Ich liebe mein inneres Kind. Ich bestimme selbst über mein Leben.*

Spiegel-Übung für den 9. Tag

1. Gehen Sie zum Badezimmerspiegel und betrachten Sie Ihr Kindheitsfoto, das Sie gestern dort hingeklebt haben.

2. Sagen Sie Ihrem inneren Kind, dass Sie bereit sind, sich um es zu kümmern. Sprechen Sie die folgenden Affirmationen: *Ich bin immer für dich da. Ich liebe dich. Ich liebe dich wirklich.*

3. Setzen Sie sich vor den Spiegel oder, wenn das nicht geht, nehmen Sie einen Handspiegel und setzen Sie das gestern begonnene Gespräch mit Ihrem inneren Kind fort. Sie könnten mit einer Entschuldigung beginnen, etwa indem Sie sagen: *Es tut mir leid, dass ich all die Jahre nicht mit dir gesprochen habe. Es tut mir leid, dass ich schon so lange Zeit ständig mit dir schimpfe. Ich möchte wiedergutmachen, dass wir so lange getrennt waren.*

4. Wenn Sie schon seit fünfzig oder sechzig Jahren nicht mehr mit Ihrem inneren Kind gesprochen haben, kann es einige Zeit dauern, bis sich das Gefühl einstellt, wieder mit ihm in Kontakt zu sein. Geben Sie nicht auf. Es wird Ihnen gelingen, Verbindung aufzunehmen. Dann werden Sie das Kind in Ihnen *fühlen*. Vielleicht werden Sie es als leise innere Stimme *hören*. Vielleicht werden Sie es sogar vor Ihrem inneren Auge *sehen*.

5. Halten Sie Papiertaschentücher bereit. Es ist völlig in Ordnung, wenn Sie weinen müssen, während Sie mit Ihrem inneren Kind sprechen. Die Tränen werden Ihnen helfen, alle Schutzwälle zu durchbrechen und die Verbindung zu dem Kind in Ihnen wiederherzustellen.

Ihre innere Kraft:
Tagebuch-Übung für den 9. Tag

Was hat Ihnen als Kind Freude gemacht? Schreiben Sie alles auf, was Ihnen einfällt. Wann haben Sie diese Dinge zum letzten Mal getan? Die Eltern in uns halten uns oft davon ab, Spaß zu haben und das Leben zu genießen, weil Erwachsene »so etwas nicht tun«.

Legen Sie das Tagebuch weg und gehen Sie nach draußen. Spielen Sie mit Ihrem inneren Kind. Tun Sie alles, was Ihnen als Kind so viel Spaß gemacht hat – vielleicht in einen Laubhaufen springen oder unter der Fontäne des Rasensprengers hindurchlaufen. Schauen Sie anderen Kindern beim Spielen zu. Das wird die Erinnerung an Ihre eigenen Kinderspiele wieder wachrufen. Wenn Sie sich mehr Lebensfreude wünschen, stellen Sie die Verbindung zu Ihrem inneren Kind her und entdecken Sie die kindliche Spontanität wieder. Ich verspreche Ihnen, dass das frischen Wind in Ihr Leben bringen wird!

Ihr Herzgedanke für den 9. Tag:
Ich bin bereit, mich zu verändern und zu lernen.
Ich bin bereit für neue Erfahrungen.

Da Sie nicht allwissend sind, ist es gut, dazuzulernen und sich weiterzuentwickeln. Lösen Sie sich von alten Vorstellungen und Mustern, die Ihnen nicht länger dienlich sind. Schauen Sie sich Ihr Verhalten ehrlich an und sagen Sie: »So will ich nicht weitermachen.« Sie können Ihr Potenzial entdecken und immer mehr zu dem Menschen werden, der Sie in Wahrheit sind – nicht ein besserer Mensch werden, denn das würde unterstellen, dass Sie gegenwärtig nicht gut genug sind, sondern mehr von dem verwirklichen, was immer schon in Ihnen steckte.

Wachstum und positive Veränderungen sind aufregend, auch wenn es vielleicht zunächst notwendig ist, ein paar schmerzhaften Dingen ins Auge zu sehen, die Sie verdrängt hatten und die nun erst einmal aufgelöst werden müssen.

Meditation für den 9. Tag:
Das innere Kind lieben

Reisen Sie in der Zeit rückwärts. Sehen Sie sich als kleines Kind von fünf Jahren. Strecken Sie diesem Kind die Arme entgegen und sagen Sie: »Ich bin deine Zukunft, und ich bin gekommen, um dir Liebe zu schenken.« Umarmen Sie das Kind liebevoll und nehmen Sie es dann mit in die Gegenwart. Sehen Sie sich zusammen vor einem Spiegel stehen und einander liebevoll anschauen. Werden Sie sich, während Sie dort stehen, bewusst, wie viele fehlende Teile es in Ihrem Wesen gibt.

Gehen Sie jetzt noch weiter in der Zeit zurück, bis zum Augenblick Ihrer Geburt. Sie sind gerade durch den Geburtskanal gekommen. Möglicherweise war es eine schwierige Reise. Sie spüren die kalte Luft und sehen die hellen Lichter, und vielleicht gibt Ihnen jemand einen Klaps. Sie sind da! Sie sind gekommen, um ein ganzes Leben hier zu verbringen. Lieben Sie dieses winzige Baby!

Gehen Sie jetzt bis zu jenem Moment in der Zeit vorwärts, als Sie laufen lernten. Sie standen auf und fielen hin. Sie standen auf und fielen hin. Und dann standen Sie plötzlich und machten einen Schritt und noch einen Schritt, und Sie konnten gehen! Sie waren so stolz auf sich. Lieben Sie dieses kleine Kind. Lieben Sie es!

Reisen Sie in der Zeit vorwärts zum Tag Ihrer Einschulung. Sie wollten lieber bei Ihrer Mutter bleiben, aber Sie sind trotzdem gegangen und traten über die Schwelle der Schule. Vielleicht war es dort wunderbar; vielleicht war es schwierig. Sie gaben Ihr Bestes und schafften es. Lieben Sie dieses Kind. Lieben Sie es!

Erinnern Sie sich dann an die Zeit, als Sie zehn Jahre alt waren, an alles, was damals geschah. Vielleicht war es wunderbar; vielleicht war es schwierig. Sie gaben Ihr Bestes und schafften es. Lieben Sie dieses Kind. Lieben Sie es!

Gehen Sie jetzt weiter zu der Zeit, als Sie in die Pubertät kamen, und erinnern Sie sich an alles, was damals geschah. Es war aufregend und Furcht einflößend, und vielleicht fühlten Sie sich völlig überfordert, aber irgendwie standen Sie es durch. Sie gaben Ihr Bestes und schafften es. Lieben Sie diesen Teenager. Lieben Sie ihn!

Gehen Sie weiter zu der Zeit Ihres ersten Jobs. Wie aufregend war es, endlich eigenes Geld zu verdienen! Sie gaben sich solche Mühe, einen guten Eindruck zu hinterlassen, und es gab so viel zu lernen. Aber Sie gaben Ihr Bestes und waren erfolgreich. Lieben Sie diese junge Frau oder diesen jungen Mann!

Erinnern Sie sich an das erste Mal, als Sie verliebt waren und eine Abfuhr erhielten, und wie sehr Sie das verletzte. Sie dachten, dass Sie nie wieder glücklich sein würden. Es tat furchtbar weh. Doch Sie gaben Ihr Bestes und kamen darüber hinweg. Lieben Sie diesen Menschen. Lieben Sie diesen Menschen!

Gehen Sie jetzt zu einem anderen Wendepunkt in Ihrem Leben. Es kann eine peinliche, schmerzliche, aber auch eine wundervolle Erfahrung sein. Was immer es war, Sie gaben damals Ihr Bestes mit dem Wissen und der Bewusstheit, über die Sie damals verfügten. Lieben Sie also diesen Menschen. Lieben Sie diesen Menschen!

Versammeln Sie nun alle Teile Ihres Selbst, und nehmen Sie diese mit in die Gegenwart. Sehen Sie sich vor dem Spiegel stehen, zusammen mit allen Teilen Ihrer Persönlichkeit, und machen Sie sich bewusst, dass Sie Ihr eigenes Leben in seinem ganzen Reichtum, seiner ganzen Fülle sehen. Natürlich haben Sie schwierige Phasen durchgemacht, Zeiten des Schmerzes, Zeiten der Scham und Zeiten der Verwirrung. Und das ist alles vollkommen in Ordnung. Es gehört zum Leben dazu. Lieben Sie alles, was Sie sind!

Drehen Sie sich nun um. Visualisieren Sie, dass dort eine Person mit ausgebreiteten Armen steht und sagt: »Ich bin deine Zukunft und bin gekommen, um dir Liebe zu schenken.«

Das Leben ist eine nie endende Gelegenheit, uns selbst zu lieben – in Vergangenheit, Gegenwart und Zukunft. Heilung geschieht, wenn Sie alle Teile Ihres Selbst lieben und akzeptieren. Wie können Sie heil und gesund sein, solange Sie noch Teile Ihres Wesens ablehnen? Heilung heißt, dass Sie alle Persönlichkeitsaspekte zu einem Ganzen zusammenfügen. Lieben Sie sich, Ihr gesamtes Selbst. Alles ist gut. Und so sei es.

TAG 10

Den Körper lieben,
sich von Schmerzen befreien

Bei der heutigen Lektion befassen wir uns
mit dem Schmerz – woher er kommt,
was er Ihnen mitteilen will und was Sie
von ihm lernen können.

Viele von uns leben mit chronischen Schmerzen oder Erkrankungen. Bei manchen wird der Alltag davon nicht sehr beeinträchtigt, bei anderen dagegen sehr. Heute werden Sie die Spiegelarbeit nutzen, um Ihren Körper mehr lieben zu lernen und Schmerzen zu heilen.

Niemand möchte Schmerzen erleiden, aber wenn das bei Ihnen der Fall ist, was können Sie daraus lernen? Da Schmerzen Symptome körperlicher oder seelischer Erkrankungen sein können, ist offensichtlich, dass Körper und Seele betroffen sind.

Kürzlich erlebte ich ein wundervolles Beispiel dafür. Ich beobachtete, wie zwei kleine Mädchen in einem Park spielten. Das erste Kind hob die Hand, um ihrer

Freundin spielerisch einen Klaps auf den Arm zu geben. Noch ehe ihre Hand den Arm berührte, rief ihre Spielgefährtin: »Aua!« Das andere Mädchen schaute sie an und fragte: »Warum hast du, ›Aua‹ gesagt? Ich habe dich doch noch gar nicht berührt.« Ihre Freundin entgegnete: »Aber ich *weiß* doch, dass es wehtut!«

Wie alles im Leben ist auch unser Körper ein Spiegel unserer Gedanken und Glaubenssätze. Er spricht ständig zu uns. Würden wir uns doch nur die Zeit nehmen, ihm zuzuhören! Ich glaube, dass wir alle Schmerzen und Krankheiten in unserem Körper selbst erschaffen. Jede Zelle unseres Körpers reagiert auf jeden Gedanken, den wir denken, und jedes Wort, das wir sprechen.

Der Körper strebt stets nach optimaler Gesundheit, ganz gleich was wir tun. Wenn wir den Körper allerdings mit ungesunder Nahrung und ungesunden Gedanken missbrauchen, beeinträchtigt das unser Wohlbefinden.

Schmerz kann viele Formen annehmen: Jucken, ein angestoßener Zeh, eine Beule oder Prellung, schlechter Schlaf, ein unangenehmes Ziehen im Bauch oder eine Infektion. Stets möchte der Schmerz uns etwas sagen. Schmerz ist ein Warnsignal des Körpers, mit dem er unsere Aufmerksamkeit erregen will – ein verzweifelter Versuch, uns darauf hinzuweisen, dass in unserem Leben etwas falsch läuft.

Was sollen wir also tun, wenn wir Schmerzen verspüren? In der Regel laufen wir gleich zum Arzneischrank oder in die Apotheke und schlucken eine Tablette. Damit signalisieren wir unserem Körper: »Sei still! Ich will dich nicht hören!« Ihr Körper wird für eine Weile Ruhe geben, aber dann wird das Flüstern des Schmerzes zurückkehren – diesmal etwas lauter und heftiger als zuvor. Stellen Sie sich vor, Sie sagen Ihrer besten Freundin etwas sehr Wichtiges, aber sie hört nicht zu. Sie würden es wiederholen, diesmal vermutlich lauter. Wenn Sie immer noch nicht zuhört, werden Sie vielleicht wütend und äußern sich nun ziemlich lautstark. Oder Sie fühlen sich verletzt und ungeliebt und ziehen sich schweigend zurück.

Manchmal jedoch *wollen* Menschen krank sein. In unserer Gesellschaft haben wir Schmerzen und Krankheit zu einer akzeptierten Möglichkeit gemacht, sich vor Verantwortung oder unangenehmen Situationen zu drücken. Wenn wir nicht lernen, Nein zu sagen, erfinden wir manchmal eine Krankheit, die dann für uns Nein sagt.

Doch es kommt der Zeitpunkt, wo Sie den Symptomen unbedingt Beachtung schenken sollten. Hören Sie auf Ihren Körper, denn der Körper strebt immer nach Gesundheit und ist darauf angewiesen, dass Sie ihn in diesem Streben unterstützen.

Betrachten Sie sämtliche schmerzhaften Beschwerden als Lehrmeister. Sie zeigen Ihnen, dass es in Ihrem Bewusstsein eine falsche Idee gibt. Etwas, was Sie glauben, sagen, tun oder denken, schadet Ihnen. Ich stelle mir gerne vor, dass der Körper mich am Ärmel zupft und sagt: »Bitte, achte auf das, was ich dir mitteilen möchte!« Wenn Sie das geistige Muster erkennen, das hinter einer Erkrankung steht, haben Sie die Chance, das Muster durch Spiegelarbeit zu verändern und sich so von den Beschwerden zu befreien.

Sind Sie bereit, auf Ihren Körper zu hören, sodass die Beschwerden überflüssig werden? Dann beginnen Sie jetzt gleich mit der Spiegelarbeit und lernen Sie, Ihren Körper zu lieben und sich von den Beschwerden zu befreien.

Affirmieren wir gemeinsam: *Ich liebe meinen Körper. Ich ermögliche meinem Körper eine vollständige Heilung, indem ich mir auf allen Ebenen gebe, was ich brauche.*

Spiegel-Übung für den 10. Tag

1. Wählen Sie den Schmerz oder die Krankheit aus, an der Sie heute arbeiten wollen.
2. Stellen oder setzen Sie sich vor Ihren Spiegel.
3. Schauen Sie sich tief in die Augen und stellen Sie sich folgende Fragen (Beispiel): *Woher kommt dieses Sodbrennen? Was will mir mein Körper damit sagen? Habe ich etwas Ungesundes gegessen? Gibt es etwas, wovor ich Angst habe? Gibt es eine Neuigkeit, die ich nur schwer verdauen kann? Gibt es einen schwelenden Konflikt, dem ich ausweiche? Was oder wen finde ich ungenießbar?*
4. Unabhängig davon, welche Schmerzen oder Symptome Ihnen gerade zu schaffen machen, können Sie folgende Affirmationen anwenden: *Ich atme frei und tief. Ich höre auf die Botschaften meines Körpers. Ich gebe meinem Körper gesundes und nahrhaftes Essen. Ich sorge dafür, dass mein Körper genug Ruhe und Erholung bekommt. Ich liebe meinen wunderbaren Körper. Ich bin sicher und geborgen. Ich vertraue dem Lauf des Lebens. Ich bin frei von Furcht.* Wiederholen Sie diese Affirmationen oft.
5. Wenden Sie nun einige gezielte Affirmationen für den Körperbereich an, wo Sie Schmerzen haben. (Welche mentalen Muster hinter den einzelnen Beschwerden und Erkrankungen stehen, können Sie in meinem Buch *Heile deinen Körper*, Lüchow Verlag, J. Kamphausen Mediengruppe, Bielefeld, nachschlagen, wo auch die jeweils passenden Affirmationen aufgeführt sind.) Wenn Sie zum Beispiel unter Magenbeschwerden leiden, affirmieren Sie: *Ich liebe meinen Magen. Ich liebe dich wirklich, mein*

gesunder Magen. Ich gebe dir gesundes Essen, und du verdaust es mit Freude. Ich gebe dir die Erlaubnis, gesund zu sein.
6. Wiederholen Sie diese Affirmationen zwei- bis dreimal.

Ihre innere Kraft:
Tagebuch-Übung für den 10. Tag

1. Wenn Sie unter Schmerzen oder Unwohlsein leiden, nehmen Sie sich einen Moment Zeit, um innerlich ruhig zu werden. Vertrauen Sie darauf, dass Ihre höhere Macht Sie wissen lassen wird, was Sie in Ihrem Leben ändern müssen, um sich von den Beschwerden zu befreien.
2. Visualisieren Sie einen wundervollen Ort in der Natur, wo ringsum Ihre Lieblingsblumen blühen. Fühlen Sie, wie eine milde, angenehm duftende Brise sanft über Ihr Gesicht streicht. Konzentrieren Sie sich darauf, alle Muskeln des Körpers zu entspannen.
3. Stellen Sie sich folgende Fragen: *Wie trage ich selbst zu diesem Problem bei? Was muss ich wissen, um es heilen zu können? In welchen Lebensbereichen sind Veränderungen notwendig?* Meditieren Sie über diese Fragen, und lassen Sie die Antworten in Ihrem Inneren aufsteigen. Schreiben Sie die Antworten in Ihr Tagebuch.
4. Wählen Sie eine der Antworten aus Schritt 3 aus und schreiben Sie einen Handlungsplan auf, den Sie gleich heute in die Tat umsetzen können.

Gehen Sie Schritt für Schritt vor. Der chinesische Philosoph Laotse sagte: »Eine tausend Meilen lange Reise beginnt mit dem ersten Schritt.« Ein kleiner Schritt nach dem anderen kann zu bemerkenswerten Veränderungen in Ihrem Leben führen. Schmerzen verschwinden nicht immer über Nacht, obwohl auch das durchaus möglich ist. Es hat einige Zeit gebraucht, bis der Schmerz sich manifestierte, also braucht es auch etwas Zeit, bis Sie erkennen, dass er nicht mehr notwendig ist. Seien Sie sanft zu sich selbst.

Ihr Herzgedanke für den 10. Tag:
Ich höre auf die Botschaften meines Körpers

Wie alles im Leben ist auch unser Körper ein Spiegel unserer Gedanken und Glaubenssätze. Jede Zelle unseres Körpers reagiert auf jeden Gedanken, den wir denken, und jedes Wort, das wir sprechen. In dieser sich ständig verändernden Welt ist es gut, flexibel zu sein. Seien Sie bereit, sich selbst und Ihre Glaubenssätze zu verändern, um Ihre Lebensqualität und Ihre Welt zu verbessern. Ihr Körper liebt Sie, auch wenn Sie ihn schlecht behandeln. Er kommuniziert mit Ihnen, und von nun an hören Sie auf seine Botschaften. Sie sind jetzt bereit, ihn zu verstehen.

Sie beachten, was er Ihnen mitteilt, und nehmen die notwendigen Veränderungen vor. Sie lieben Ihren Körper und geben ihm auf allen Ebenen das, was er braucht, um seine optimale Gesundheit wiederherzustellen. Dabei können Sie auf jene innere Macht und Kraft bauen, die Ihnen jederzeit zur Verfügung steht.

Meditation für den 10. Tag:
Positive Affirmationen für Ihre Gesundheit

Hier finden Sie einige positive Affirmationen für Gesundheit und Heilung. Wiederholen Sie sie oft:

Ich genieße jene Speisen, die für meinen Körper am besten sind.

Ich liebe jede Zelle meines Körpers.

Ich treffe gesunde Entscheidungen.

Ich liebe und achte mich.

Ich freue mich auf einen gesunden Lebensabend, weil ich heute schon gut für meinen Körper sorge.

Ständig entdecke ich neue Möglichkeiten, etwas für meine Gesundheit zu tun.

Ich stelle die optimale Gesundheit meines Körpers wieder her, indem ich ihm auf allen Ebenen gebe, was er braucht.

Heilung geschieht jetzt! Ich stehe mir mit meinem Denken nicht länger im Weg und lasse die Intelligenz meines Körpers auf natürliche Weise die Heilung herbeiführen.

Ich habe meinen persönlichen Schutzengel. Ich werde göttlich geführt und bin beschützt.

Vollkommene Gesundheit ist mein göttliches Recht, und ich beanspruche sie jetzt.

Ich bin dankbar für meinen gesunden Körper. Ich liebe das Leben.

Ich bin der einzige Mensch, der die Kontrolle über meine Essgewohnheiten hat. Ich kann Versuchungen widerstehen, wenn ich mich bewusst dafür entscheide.

Wasser ist mein Lieblingsgetränk. Ich trinke viel Wasser, um Körper und Geist zu reinigen.

Mein Bewusstsein mit angenehmen Gedanken zu füllen ist der schnellste Weg zur Gesundung.

TAG 11

Wut auflösen und sich gut fühlen

Heute werden Sie sich mit Ihrer Wut befassen:
Sie lernen, wie Sie Wut verarbeiten und auflösen
können, bevor Sie krank werden. Und ich zeige Ihnen,
wie Sie Raum für positive Gefühle schaffen.

Wie fühlt es sich an, sich selbst jeden Tag zu sagen, dass
Sie geliebt werden? Schauen Sie in den Spiegel und nehmen Sie sich einen Moment Zeit, um sich zu gratulie-
ren. Sie haben tief in Ihre Emotionen hineingeschaut
und damit begonnen, sich von Ihrer Vergangenheit zu
befreien. Sie lernen, eine CD mit positiven Affirmationen in Ihrem Geist abzuspielen. Feiern Sie die Fortschritte, die Sie schon erreicht haben.

Während Sie auf eine Reise in die Vergangenheit
gingen und in Ihre Emotionen eintauchten, sind Sie
vermutlich auch auf Wut gestoßen – Wut auf sich
selbst oder auf ein bestimmtes Erlebnis. Heute möchte
ich Ihnen helfen, Vergebung zu praktizieren und Ihre

Wut aufzulösen, damit Sie sich wohl in Ihrer Haut fühlen.

Wut ist ein ehrliches Gefühl. Wenn man sie aber nicht ausdrückt und nach außen freisetzt, staut sie sich im Körper an und verursacht sehr oft Krankheiten oder andere Fehlfunktionen.

Meist ärgern wir uns immer wieder über die gleichen Dinge. Wenn wir wütend sind, haben wir oft das Gefühl, wir hätten nicht das Recht, unserer Wut Ausdruck zu verleihen. Dann schlucken wir sie hinunter, was zu Grollgefühlen, Verbitterung und Depressionen führen kann. Daher ist es gut, wenn wir sofort angemessen mit unserer Wut umgehen und sie auf gesunde Art ausdrücken.

Wenn es sich richtig anfühlt, die Wut körperlich abzureagieren, boxen Sie auf Kissen ein. Scheuen Sie sich nicht, dabei der Wut ihren natürlichen Lauf zu lassen. Sie haben Ihre Gefühle schon viel zu lange unterdrückt. Es gibt keinen Grund, sich für Ihre Wut zu schämen oder sich deshalb schuldig zu fühlen.

Einer der besten Wege, mit Wut umzugehen, besteht darin, offen mit dem Menschen zu sprechen, auf den Sie wütend sind. Wenn Sie das Gefühl haben, jemanden anschreien zu wollen, hat Ihre Wut sich über längere Zeit angestaut. Oft liegt das daran, dass Sie das Gefühl haben, nicht offen mit der betreffenden Person sprechen zu können. Der zweitbeste Weg, Ihrem Ärger Luft zu machen, besteht darin, vor dem Spiegel mit dem Menschen zu sprechen, auf den Sie wütend sind.

Spiegelarbeit hilft Ihnen, alle Gefühle herauszulassen. Eine meiner Schülerinnen tat sich sehr schwer damit, ihre Wut auszudrücken. Intellektuell verstand sie ihre Gefühle, doch sie war unfähig, sie zu zeigen. Als sie sich dann durch die Spiegelarbeit doch öffnete, schaffte sie es endlich, vor dem Spiegel ihre Wut herauszuschreien und ihre Mutter und ihre alkoholkranke Tochter mit allerlei Schimpfwörtern zu belegen. Anschließend hatte sie das Gefühl, dass ihr eine große Last von den Schultern genommen worden war. Als später ihre Tochter zu Besuch kam, war meine Schülerin wieder fähig, sie liebevoll zu umarmen. Sie hatte ihre unterdrückte Wut freigesetzt und damit Raum für die Liebe geschaffen.

Immer wieder berichten mir Menschen, wie viel glücklicher sie sind, wenn sie ihre Wut auf jemanden durch Spiegelarbeit freisetzen konnten. Es ist, als ob eine große Last von ihnen abfällt.

Wenden Sie sich in dem Wissen nach innen, dass es eine Antwort auf Ihre Wut gibt und dass Sie diese Antwort finden werden. Es ist sehr heilsam, zu meditieren und sich dabei vorzustellen, dass die Wut frei aus Ihrem Körper herausfließt. Schicken Sie dem Menschen, der Gegenstand Ihrer Wut ist, Liebe und visualisieren Sie, dass Ihre Liebe alle Dissonanzen zwischen Ihnen auflöst. Seien Sie bereit dazu, innen und außen Harmonie zu erzeugen. Vielleicht soll die Wut Sie daran erinnern, dass Ihre Kommunikation mit anderen nicht gut ist. Wenn Ihnen das bewusst wird, können Sie es ändern.

Affirmieren wir gemeinsam: *Meine Gefühle sind okay. Heute bringe ich meine Gefühle auf gesunde Weise zum Ausdruck.*

Spiegel-Übung für den 11. Tag

1. Setzen Sie sich an einem ruhigen Ort, wo Sie ungestört sind, vor einen Spiegel.

2. Schauen Sie sich im Spiegel in die Augen. Wenn Sie sich dabei noch immer unwohl fühlen, konzentrieren Sie sich stattdessen auf den Mund oder die Nase.

3. Sehen Sie sich selbst und/oder den Menschen, dessen Verhalten Sie wütend gemacht hat. Erinnern Sie sich an den Moment, als Sie wütend wurden und lassen Sie es zu, die Wut wirklich zu fühlen. Sagen Sie der betreffenden Person klar und deutlich, warum Sie wütend sind. Bringen Sie Ihren gesamten Ärger zum Ausdruck. Seien Sie dabei ausführlich, sprechen Sie alles offen aus. Zum Beispiel könnten Sie sagen: *Ich bin wütend auf dich, weil [nennen Sie den Grund]. Ich bin verletzt, weil du [nennen Sie den Grund]. Ich habe Angst, weil du [nennen Sie den Grund].*

4. Es kann sein, dass Sie diese Übung mehrfach wiederholen müssen, bis sich das Gefühl einstellt, wirklich von aller Wut befreit zu sein. Dabei können Sie jeweils ein einzelnes Wut-Thema bearbeiten oder mehrere auf einmal. Tun Sie, was sich für Sie richtig anfühlt.

Ihre innere Kraft:
Tagebuch-Übung für den 11. Tag

1. Sind Sie schon seit sehr langer Zeit wütend? Hier folgen einige Fragen, die Ihnen helfen, diese gewohnheitsmäßige Wut aufzulösen. *Warum habe ich mich entschieden, ständig wütend zu sein? Wie kommt es, dass ich immer wieder Situationen erzeuge, die mich wütend machen? Wen versuche ich damit immer noch zu bestrafen? Welche Signale sende ich an andere Menschen, die dann in ihnen das Bedürfnis wecken, mich wütend zu machen?*

2. Stellen Sie sich nun folgende Fragen, und schreiben Sie die Antworten in Ihr Tagebuch: *Was wünsche ich mir? Was macht mich glücklich? Was kann ich tun, um mich selbst glücklich zu machen?*

3. Überlegen Sie, wie Sie in Ihrem Bewusstsein Raum dafür schaffen können, sich gut zu fühlen. Überlegen Sie, wie Sie optimistische Denkmuster und Glaubenssätze entwickeln können.

Ihr Herzgedanke für den 11. Tag:
Ich verdiene es, mich gut zu fühlen

Das Leben ist sehr einfach. Durch unsere Denkmuster und Gefühle erzeugen wir unsere Erfahrungen. Das, was wir über uns selbst und das Leben glauben, wird für uns wahr. Gedanken sind lediglich Wortketten. Sie haben an sich keine Bedeutung. Wir sind es, die Ihnen eine Bedeutung verleihen. Wir geben Ihnen Bedeutung, indem

wir uns wieder und wieder auf negative Botschaften konzentrieren.

Es ist sehr wichtig, wie wir mit unseren Gefühlen umgehen. Schalten wir sie einfach aus? Bestrafen wir andere
Menschen? Traurigkeit, Einsamkeit, Schuldgefühle, Wut
und Angst sind völlig normale Emotionen. Doch wenn wir
uns von diesen Gefühle beherrschen lassen, kann unser
Leben sich in ein emotionales Schlachtfeld verwandeln.

Durch Spiegelarbeit, Selbstliebe und positive Affirmationen können Sie sich emotional stärken und etwas auf-
bauen, wodurch sich Angst und Sorge rasch lindern lassen. Glauben Sie daran, dass Sie Frieden und Gelassenheit
in Ihrem Gefühlsleben verdienen?

Affirmieren wir gemeinsam: *Ich löse mich jetzt von jenem
Denkmuster, das in mir Widerstand gegen Wohlbefinden und
positive Erfahrungen erzeugt. Ich verdiene es, mich gut zu fühlen.*

Meditation für den 11. Tag:
Ihr heilendes Licht

Schauen Sie tief ins Zentrum Ihres Herzens und finden Sie
dort einen winzigen Stern aus leuchtend buntem Licht.
Diese Farbe ist so wunderschön! Sie ist das Zentrum
der Liebe und heilenden Energie in Ihnen. Sehen Sie, wie
dieser winzige Stern anfängt zu pulsieren. Dabei dehnt
er sich aus, bis er Ihr ganzes Herz ausfüllt. Sehen Sie,
wie dieses Licht nun durch Ihren Körper strömt, bis zum
Scheitel und bis in die Zehen und Fingerspitzen. Dieses
schöne farbige Licht lässt Sie von innen leuchten. Liebe

und heilende Energie strahlen von Ihnen aus. Lassen Sie Ihren ganzen Körper von der Schwingung dieses Lichts durchdringen. Sagen Sie zu sich selbst: Mit jedem Atemzug werde ich gesünder und gesünder.

Fühlen Sie, wie dieses Licht Ihren Körper von allen Krankheiten und Beschwerden reinigt, sodass blühende Gesundheit in ihn einzieht. Lassen Sie das Licht dann in alle Richtungen nach außen strahlen, sodass Ihre heilende Energie alle Menschen berührt, die Heilung benötigen. Was für ein Privileg es doch ist, Ihre Liebe, Ihr Licht und Ihre heilende Energie mit jenen zu teilen, die dessen bedürfen. Lassen Sie Ihr Licht in Krankenhäuser, Pflegeheime, Waisenhäuser und andere Institutionen der Verzweiflung strömen, um Hoffnung, Erleuchtung und Frieden zu bringen. Lassen Sie sie in jedes Haus in Ihrer Stadt fließen. Lassen Sie Ihre Liebe und Ihr Licht Heilung allen bringen, die Heilung ersehnen.

Wählen Sie einen Ort auf dem Planeten aus, dem Sie ganz besonders bei seiner Heilung helfen möchten. Es kann ein weit entfernt gelegener Ort sein oder ein Ort gleich um die Ecke. Konzentrieren Sie Ihre Liebe, Ihr Licht und Ihre heilende Energie auf diesen Ort und visualisieren Sie, dass dort Gleichgewicht und Harmonie einkehren. Sehen Sie diesen Ort als heil und friedvoll an. Nehmen Sie sich jeden Tag einen Moment Zeit, um dem ausgewählten Ort Liebe, Licht und Heilung zu senden.

Was wir aussenden, kommt stets vielfach vermehrt zu uns zurück. Senden Sie Ihre Liebe aus. Und so sei es.

TAG 12

Die Angst überwinden

Heute lernen Sie, sich von Ängsten
zu befreien und darauf zu vertrauen,
dass das Leben gut für Sie sorgt.

Schauen Sie in den Spiegel, atmen Sie tief durch und schenken Sie dem wunderschönen Menschen, der Ihnen entgegenblickt, einen zärtlichen Kuss. Von Tag zu Tag werden Sie stärker. Danken Sie dem Spiegel, dass er Ihnen hilft, sich von der Vergangenheit zu lösen und immer mehr positive Gedanken zu denken und auszustrahlen. Das Leben liebt Sie, und ich liebe Sie!

Heute befassen wir uns bei der Spiegelarbeit mit einer Emotion, die Sie davon abhalten kann, sich selbst zu lieben, anderen zu vergeben und das glückliche Leben zu führen, das Sie verdienen. Diese Emotion ist die Angst.

Die Angst grassiert heute auf diesem Planeten in Form von Krieg, Mord, Gier und Misstrauen. Angst ist Ausdruck mangelnden Vertrauens in die eigenen Fähigkeiten und das eigene Gutsein. Wenn Sie Ihre Angst überwinden, werden Sie anfangen, dem Leben zu vertrauen. Sie werden beginnen, darauf zu vertrauen, dass das Leben gut für Sie sorgt.

In ihrem internationalen Bestseller *Selbstvertrauen gewinnen. Die Angst vor der Angst verlieren* (Kösel-Verlag, München, 2014. Übersetzung von Sonja Schuhmacher) schrieb Susan Jeffers: »Auch wenn wir alle angesichts vollkommen neuer Lebenserfahrungen Angst empfinden, gibt es doch viele, die sich auf diese neuen Erfahrungen einlassen, trotz ihrer Angst. Hieraus müssen wir schließen, *dass die Angst nicht das Problem ist.*« Nach Jeffers' Auffassung geht es nicht um die Angst an sich, sondern um die Art, wie wir mit ihr umgehen. Angst zu haben ist also nicht weiter schlimm.

Wie viel Macht geben Sie Ihren Ängsten?

Wenn sich ein ängstlicher Gedanke bemerkbar macht, dient das eigentlich Ihrem Schutz. Wenn Sie Angst aufgrund einer realen, physischen Gefahr verspüren, setzt Ihr Körper Adrenalin frei, um Sie vor dieser Gefahr zu schützen. Das Gleiche passiert aber auch bei eingebildeten Ängsten, die ein Produkt Ihres Denkens sind.

Daher empfehle ich, bei der Spiegelarbeit mit der Angst zu sprechen. Sie können zum Beispiel sagen: »Ich weiß, dass du mich beschützen willst. Ich bin dir dankbar, dass du mir helfen möchtest.« Erkennen Sie an, dass der ängstliche Gedanke es gut mit Ihnen meint.

Wenn Sie bei der Spiegelarbeit Ihre Ängste beobachten und auf sie eingehen, werden Sie erkennen, dass Sie nicht Ihre Ängste sind. Denken Sie sich Ihre Ängste wie Bilder auf einer Kinoleinwand. Was Sie auf der Leinwand sehen, ist nicht wirklich da. Der Film besteht lediglich aus Bildchen auf Zelluloid, die in rascher Geschwindigkeit vorbeiflimmern. Genauso schnell kommen und gehen auch Ängste – es sei denn, Sie entscheiden sich bewusst dafür, an ihnen festzuhalten.

Angst ist lediglich eine Einschränkung, die Sie Ihrem Geist auferlegen. Sie haben Angst davor, krank oder arbeitslos zu werden, einen geliebten Menschen zu verlieren oder von Ihrem Partner verlassen zu werden. Diese Angst wird zu einem Abwehrmechanismus. Viel wirkungsvoller wäre es, Spiegelarbeit zu praktizieren. Dann werden Sie damit aufhören, gedanklich immer wieder angstauslösende Situationen zu erzeugen und durchzuspielen.

Ich glaube, dass wir uns zwischen Liebe und Angst entscheiden können. Wir empfinden Angst vor Veränderung, Angst vor der Zukunft und Angst davor, Neues zu wagen. Wir haben Angst vor Nähe und Angst vor dem Alleinsein. Wir haben Angst, anderen Menschen gegenüber zu artikulieren, wer wir sind und welche Wünsche und Bedürfnisse wir haben. Und wir haben Angst davor, die Vergangenheit hinter uns zu lassen. Aber der Geist kann nicht zwei Gedanken gleichzeitig aufrechterhalten, und wenn die Angst das eine Ende der Skala bildet, wartet am anderen Ende die Liebe. Liebe ist die Wunderkraft, nach der wir alle suchen. Wenn Sie sich selbst lieben, können Sie auch gut für sich sorgen.

Wenn Sie Angst haben, ist das ein Zeichen dafür, dass Sie nicht liebevoll zu sich selbst sind und sich nicht vertrauen. Oft steht hinter unseren Ängsten der Glaube, nicht gut genug zu sein. Wenn Sie hingegen sich selbst uneingeschränkt lieben und wertschätzen, können Sie Ihre Ängste überwinden.

Sorgen Sie dafür, so gut wie möglich Herz, Körper und Geist zu stärken. Wenden Sie sich mithilfe des Spiegels an die Kraft und Macht in Ihnen.

Affirmieren wir gemeinsam: *Alles ist gut. Alles entfaltet sich zu meinem höchsten Wohl. Ich bin sicher und behütet. Liebe ist meine Stärke. Nur die Liebe ist real.*

Spiegel-Übung für den 12. Tag

1. Was fürchten Sie momentan am meisten? Schreiben Sie es auf einen Haftzettel und kleben Sie ihn auf die linke Seite des Spiegels. Erkennen Sie diese Angst an. Sagen Sie zu ihr: »Ich weiß, dass du mich beschützen willst. Ich weiß es zu schätzen, dass du mir helfen möchtest. Ich danke dir. Jetzt löse ich mich von dir. Ich lasse dich los und bin frei.« Nehmen Sie den Zettel vom Spiegel, werfen Sie ihn in den Müll oder spülen Sie ihn in der Toilette hinunter.

2. Schauen Sie wieder in den Spiegel und wiederholen Sie folgende Affirmationen: *Ich liebe und vertraue. Die Liebe und das Leben sorgen gut für mich. Ich bin eins mit der Macht, die mich erschuf. Ich bin sicher und behütet. Alles ist gut in meiner Welt.*

3. Schauen Sie jetzt in den Spiegel und beobachten Sie Ihre Atmung. Wenn wir Angst haben, halten wir oft den Atem an. Konzentrieren Sie sich auf Ihren Atem, wenn Sie sich bedroht oder ängstlich fühlen. Atmen Sie ein paarmal tief durch. Atmen öffnet das innere Kraftzentrum. Die Wirbelsäule richtet sich auf, die Brust weitet sich, und Ihr empfindsames Herz bekommt mehr Raum.

4. Atmen Sie weiterhin ruhig und natürlich, und beobachten Sie Ihren Atem. Wiederholen Sie dabei folgende Affirmationen: *Ich liebe dich, [Ihr Name]. Ich liebe dich. Ich liebe dich wirklich. Ich vertraue dem Leben. Das Leben schenkt mir alles, was ich brauche. Es gibt nichts zu fürchten. Ich bin sicher und behütet. Alles ist gut.*

Ihre innere Kraft:
Tagebuch-Übung für den 12. Tag

1. Schreiben Sie unter den nachfolgenden Kategorien jeweils Ihre größten Ängste auf: *Familie, Gesundheit, Beruf, Beziehungen* und auch *Finanzen.*
2. Schreiben Sie dann zu jeder Angst, die Sie notiert haben, eine oder mehrere positive Affirmationen. Wenn Sie zum Beispiel geschrieben haben: *Ich fürchte mich davor, krank zu werden und nicht mehr für mich selbst sorgen zu können,* lautet eine passende Affirmation: *Ich werde stets alle Hilfe erhalten, die ich benötige.*

Ihr Herzgedanke für den 12. Tag:
Ich bin jederzeit bestens beschützt

Denken Sie daran, dass ein Angstgedanke eigentlich nur da ist, um Sie zu schützen. Sagen Sie zu der Angst: »Ich weiß es zu schätzen, dass du mir helfen willst.« Sprechen Sie dann eine Affirmation, die diese Angst auflöst. Erkennen Sie die Angst an und danken Sie ihr, aber messen Sie ihr keinerlei Macht oder Bedeutung bei.

Meditation für den 12. Tag:
Eine sichere und liebevolle Welt erschaffen

Betrachten Sie diesen Tag und überhaupt alle Tage als Zeit des Lernens. Jeder Tag ist ein neuer Anfang, eine Gelegenheit für positive Veränderung und Weiterentwicklung. Jeder neue Tag ermöglicht es uns, unser Bewusstsein für neue Ideen und Denkweisen zu öffnen und unsere Träume zu verwirklichen. Durch unsere Vision einer wünschenswerten Zukunft wirken wir bei der Erschaffung der Welt mit. Entwickeln wir gemeinsam eine neue, energievolle, aufregende Vision von uns selbst und unserem Planeten!

Visualisieren Sie eine Welt, in der alle Menschen mit Würde behandelt werden und sich, ungeachtet ihrer Hautfarbe und Nationalität, frei und beschützt fühlen. Stellen Sie sich vor, dass alle Kinder auf der ganzen Welt geachtet werden und jede Art von Kindesmisshandlung und -missbrauch für immer verschwindet. Stellen Sie sich vor, dass die kostbare Zeit in den Schulen dafür genützt wird, Kindern wirklich wichtige Dinge beizubringen: wie man sich selbst liebt, wie man liebevolle Beziehungen zu anderen Menschen aufbaut, wie man eine gute Mutter oder ein guter Vater ist, wie man mit Geld umgeht und für finanzielle Sicherheit sorgt. Stellen Sie sich vor, dass die Ärzte lernen, die Menschen gesund und vital zu erhalten, alle Kranken geheilt werden und Krankheiten für immer der Vergangenheit angehören. Stellen Sie sich vor, dass Schmerzen und Leiden verschwinden und Krankenhäuser zu Wohngebäuden umgebaut werden.

Stellen Sie sich vor, dass wir uns um alle Obdachlosen kümmern und Arbeit für alle da ist, die arbeiten wollen. Stellen Sie sich vor, dass Gefängnisse zu Orten werden, wo Wachpersonal und Gefangene gleichermaßen lernen, Selbstachtung und Selbstvertrauen zu entwickeln, sodass alle, die aus der Haft entlassen werden, sich zu verantwortungsbewussten Bürgern entwickelt haben, die das Leben lieben. Stellen Sie sich vor, dass die Kirchen die Idee der Sünde und das Wecken von Schuldgefühlen aus ihren Lehren entfernen und ihren Mitgliedern dabei helfen, ihre Göttlichkeit zum Ausdruck zu bringen und ihr höchstes Potenzial zu entfalten. Stellen Sie sich vor, dass die Regierungen wirklich für das Wohl der Menschen arbeiten, sodass allen Gerechtigkeit und Mitgefühl zuteilwird. Stellen Sie sich vor, dass in der gesamten Geschäftswelt Ehrlichkeit und Fairness einziehen, weil Gier der Vergangenheit angehört. Stellen Sie sich vor, dass Männer und Frauen einander ein Leben in Würde ermöglichen und jede Gewalt zwischen den Geschlechtern beseitigt wird. Stellen Sie sich vor, dass reines Wasser, gesundes Essen und saubere Luft für uns alle die Norm sind.

Gehen wir nun nach draußen und spüren wir den sauberen Regen. Dann lässt der Regen nach, und während sich die Wolken auflösen, sehen wir im Sonnenlicht einen wunderschönen Regenbogen. Spüren Sie, wie frisch und klar die Luft ist. Sehen Sie das sprudelnde Wasser der Flüsse und Seen. Sehen Sie die üppige Vegetation: dichte Wälder, reiche Blütenpracht, Obst und Gemüse, die allen Menschen Nahrung in Fülle bieten.

Stellen Sie sich vor, dass überall auf der Welt die Menschen in Frieden, Wohlstand und Harmonie leben, dass wir unsere Waffen niederlegen und unsere Herzen öffnen, dass Vorurteile, Kritik und Intoleranz aus der Mode kommen und verschwinden. Sehen Sie, dass Grenzen fallen und alles Trennende überwunden wird. Sehen Sie, dass wir alle eins werden – wahre Brüder und Schwestern, die sich mitfühlend umeinander kümmern.

Sehen Sie, dass der Planet geheilt wird, sodass unsere Mutter Erde erleichtert aufseufzt und wahrer Frieden entsteht.

Malen Sie sich weitere positive Dinge aus, die Sie gerne auf diesem Planeten verwirklicht sehen möchten. Indem Sie immer wieder bewusst über diese Ideen nachsinnen und sie sich möglichst lebhaft ausmalen, helfen Sie mit, diese neue, sichere und liebevolle Welt zu erschaffen.

TAG 13

Mit Liebe in den Tag starten

*Heute werden Sie entdecken, dass die Art und Weise,
wie Sie den Tag beginnen, darüber entscheiden kann,
welche Erfahrungen Sie tagsüber machen.
Sie werden lernen, wie die Kraft des positiven
Denkens alles zum Besseren verändert.*

Herzlichen Glückwunsch! Die ersten zwölf Lektionen dieses Kurses sind geschafft. Dabei haben Sie gelernt, wie Sie die Spiegelarbeit nutzen können, um Denkmuster und Glaubenssätze zu ändern und ungesunde Emotionen aufzulösen. Spüren Sie inzwischen, wie wirkungsvoll die Spiegelarbeit ist und wie sich Ihr Leben dadurch verändern kann?

Heute werden Sie lernen, die Spiegelarbeit zu nutzen, um gezielt bestimmte Lebensbereiche zu heilen. Beginnen wir damit, wie Sie den Tag beginnen. Wussten Sie, dass die erste Stunde am Morgen entscheidend ist? Was Sie in dieser Stunde tun, entscheidet darüber, wie der Rest des Tages verlaufen wird.

Und wie haben Sie heute den Tag begonnen? Wann sind Sie aufgewacht? Was waren die ersten Worte, die Ihnen über die Lippen kamen? Haben Sie sich beklagt? Haben Sie über die Dinge nachgedacht, die in Ihrem Leben gegenwärtig nicht gut laufen?

Wie ein Mensch seinen Tag beginnt, so lebt er oft sein ganzes Leben.

Was sagen Sie beim ersten Blick in den Badezimmerspiegel? Was sagen Sie unter der Dusche? Was sagen Sie beim Anziehen? In welcher Stimmung machen Sie sich auf den Weg zur Arbeit? Eilen Sie einfach zur Tür hinaus oder sagen Sie Ihren Angehörigen ein paar liebe Worte? Was tun Sie, wenn Sie ins Auto steigen? Knallen Sie die Tür zu und jammern darüber, dass Sie schon wieder zur Arbeit müssen. Oder segnen Sie unterwegs die anderen Verkehrsteilnehmer?

Viel zu viele Menschen beginnen ihren Tag mit: »Oh, verdammt! Wieder ein Tag, an dem ich viel zu früh aufstehen muss! Verfluchter Mist!« Wenn Sie den Tag auf lausige Weise beginnen, wird es kein guter Tag werden – garantiert. Das ist unmöglich. Wenn Sie sich alle Mühe geben, den Morgen für sich selbst und Ihre Umwelt schrecklich zu gestalten, wird der ganze Tag schrecklich werden.

Ich beginne schon seit Jahren meine Tage mit einem kleinen Ritual. Sobald ich aufwache, kuschele ich mich in mein Bett und danke ihm dafür, dass ich wieder eine so gemütliche Nacht in ihm verbringen durfte. Anschließend starte ich mit positiven Gedanken in den Tag. Ich sage zu mir Sätze wie: *Dies ist ein guter Tag. Dies wird ein wirklich guter Tag.* Dann gehe ich ins Badezimmer und danke meinem Körper dafür, dass er so gut funktioniert.

Ich nehme mir Zeit für einige Dehnübungen. Im Flur vor meinem Badezimmer steht ein Trainingsreck, das ich zum Dehnen meines ganzen Körpers benutze. Ich hänge mich an die Reckstange, ziehe dreimal die Knie an die Brust und hänge dann an den Armen. Ich habe festgestellt, dass Dehnungsgymnastik am Morgen sich sehr gut eignet, um gesund und beweglich zu bleiben.

Danach koche ich mir eine Tasse Tee und lege mich wieder ins Bett. Ich liebe mein Bett. Ich habe mir das Kopfteil so gestalten lassen, dass ich mich beim Lesen oder Schreiben bequem anlehnen kann.

Körper und Geist zu dehnen ist mein Morgenritual. Anschließend beginne ich mit dem eigentlichen Aufstehen. Ich lasse mir dann noch zwei Stunden Zeit, ehe ich mich den Anforderungen des Tages widme. Ich mag es, die Dinge auf entspannte Art zu tun. Ich habe gelernt, mir Zeit zu lassen.

Wenn Sie eine viel beschäftigte Mutter sind oder ein Vater, der die Kinder vor der Arbeit noch zur Schule fahren muss, oder wenn Ihr Arbeitstag sehr früh beginnt, ist es wichtig, sich etwas Zeit dafür zu nehmen, den Tag auf richtige Weise zu beginnen. Ich persönlich würde mir dafür den Wecker etwas früher stellen. Das lohnt sich auf jeden Fall, selbst wenn es nur 10 oder

15 Minuten sind. Es ist Ihre Zeit, in der Sie sich selbst etwas Gutes tun.

Es ist wichtig, ein Morgenritual zu wählen, das sich für Sie gut anfühlt. Verwenden Sie Affirmationen, die gute Gefühle in Ihnen wecken. Es geht nicht darum, viele Veränderungen auf einmal einzuführen. Wählen Sie ein Morgenritual aus und beginnen Sie damit. Wenn Sie sich daran gewöhnt haben und sich damit wohlfühlen, können Sie ein weiteres hinzunehmen. Überfordern Sie sich nicht. Es geht immer darum, sich gut zu fühlen.

Affirmieren wir gemeinsam: *Heute erschaffe ich mir einen wundervollen neuen Tag und eine wundervolle Zukunft.*

Spiegel-Übung für den 13. Tag

1. Sagen Sie morgens gleich nach dem Aufwachen, im Stillen oder laut, diese Affirmationen: *Guten Morgen, Bett. Danke, dass du so bequem bist. Ich liebe dich. Dies ist ein gesegneter Tag. Alles ist gut. Ich habe genug Zeit für alles, was heute zu erledigen ist.*

2. Nehmen Sie sich nun ein paar Minuten, um sich zu entspannen. Lassen Sie diese Affirmationen Ihr Bewusstsein durchdringen. Fühlen Sie sie dann in Ihrem Herzen und im ganzen Körper.

3. Wenn Sie bereit sind aufzustehen, gehen Sie zum Badezimmerspiegel. Schauen Sie sich tief in die Augen. Lächeln Sie diesen schönen, glücklichen, entspannten Menschen an, der Ihnen da entgegenblickt!

4. Sprechen Sie beim Blick in den Spiegel folgende Affirmationen: *Guten Morgen, [Ihr Name]. Ich liebe dich. Ich liebe dich wirklich. Wundervolle Erfahrungen erwarten dich heute.* Sagen Sie sich dann etwas Nettes, zum Beispiel: *Oh, du siehst heute wunderbar aus. Dein Lächeln ist einfach klasse! Ich wünsche dir einen großartigen Tag!*

Ihre innere Kraft:
Tagebuch-Übung für den 13. Tag

1. Denken Sie sich ein Morgenritual aus. Schreiben Sie alle Schritte dieses Rituals auf, mit dem Sie positiv, glücklich und motiviert in den Tag starten möchten.

2. Schreiben Sie zu jedem Schritt Ihres Morgenrituals zwei oder drei Affirmationen auf, die Sie begleitend anwenden können. Schreiben Sie Affirmationen auf, die Sie beim Ankleiden benutzen, die Sie während der Zubereitung des Frühstücks und auf der Fahrt zur Arbeit verwenden.

3. In dem Buch *Ist das Leben nicht wunderbar!*, das ich zusammen mit Cheryl Richardson (Ullstein Buchverlage GmbH, Berlin) geschrieben habe, finden Sie im Anhang weitere Affirmationsbeispiele, die Sie für Ihr tägliches Ritual verwenden können.

Ihr Herzgedanke für den 13. Tag:

Ich öffne dem Leben neue Türen

Sie stehen im Flur des Lebens, und hinter Ihnen haben sich viele Türen geschlossen. Die Türen stehen für Dinge, die Sie nicht mehr länger tun, sagen oder denken, und für Erfahrungen, die Sie nicht mehr länger machen. Vor Ihnen befindet sich ein endloser Flur mit Türen, und hinter jeder wartet eine neue Erfahrung auf Sie.

Schreiten Sie voran und visualisieren Sie, dass Sie Türen öffnen, hinter denen wunderbare Erfahrungen auf Sie warten, Erfahrungen, die Sie sich wünschen. Sehen Sie sich Türen zu Freude, Frieden, Heilung, Wohlstand und Liebe öffnen. Türen zu Einsicht, Mitgefühl und Vergebung. Türen zur Freiheit. Türen zu Selbstachtung und Selbstvertrauen. Türen zur Selbstliebe. Das alles liegt vor Ihnen. Welche Tür werden Sie zuerst öffnen?

Vertrauen Sie darauf, dass die innere Führung Ihnen den für Sie besten Weg zeigt und dass Ihr spirituelles Wachstum unaufhörlich weitergeht. Ganz gleich, welche Tür sich öffnet und schließt, Sie sind immer sicher und beschützt.

Meditation für den 13. Tag:
Positive Affirmationen für die Liebe

Lassen Sie diese Affirmationen Ihr Bewusstsein erfüllen in dem Wissen, dass sie dadurch für Sie wahr werden. Praktizieren Sie sie häufig und mit Freude:

Von Zeit zu Zeit frage ich die, die ich liebe, wie ich sie noch mehr lieben kann.

Ich entscheide mich dafür, mit den Augen der Liebe klar zu sehen. Ich liebe, was ich sehe.

Ich ziehe jetzt Liebe und Romantik in mein Leben und öffne mich dankbar dafür.

Die Liebe wartet hinter jeder Wegbiegung auf mich, und Freude erfüllt meine ganze Welt.

Ich freue mich an der Liebe, die mir jeden Tag begegnet.

Es fühlt sich gut an, in den Spiegel zu schauen und zu sagen: »Ich liebe dich. Ich liebe dich wirklich.«

Ich verdiene jetzt Liebe, Romantik, Freude und alle Segnungen des Lebens.

Ich bin von Liebe umgeben. Alles ist gut.

Ich lebe in einer frohen, glücklichen Beziehung mit jemandem, der mich aufrichtig liebt.

Ich bin schön, und alle lieben mich.

Wohin ich auch gehe, überall begegnet mir die Liebe.

Ich ziehe nur Menschen in mein Leben, die mich liebevoll behandeln.

Ich bin dankbar für die viele Liebe in meinem Leben. Ich finde sie überall.

TAG 14

Selbstliebe: Rückblick auf die zweite Woche

Heute schauen wir uns an, welche Fortschritte
Sie bis jetzt mit der Spiegelarbeit gemacht haben.
Und Sie werden lernen, sich mehr Zeit zu nehmen,
mutiger und experimentierfreudiger zu werden.

Ich bin wirklich stolz auf Sie! Nun ist schon das Ende der zweiten Woche erreicht, und immer noch üben Sie fleißig vor Ihrem Freund, dem Spiegel, und lernen, wie Sie mehr Liebe in Ihr Leben bringen können. Sie verdienen Liebe und Freude sowie alle Segnungen, die das Leben zu bieten hat.

Es kann gut sein, dass Sie sich bei der Spiegelarbeit immer noch ein bisschen seltsam oder unbehaglich vorkommen. Das ist okay. Ich möchte Sie ausdrücklich ermutigen, geduldig mit sich zu sein. Veränderungen können schwierig sein oder einfach. Denken Sie daran, dass es sich um eine Reise zu Selbstliebe und Akzeptanz handelt. Erkennen Sie Ihre Bemühungen und Fortschritte an.

Sie haben schon viel erreicht. Sie haben erlebt, wie gut der Spiegel Ihnen hilft, Gedanken und Worte bewusster zu wählen. So lernen Sie, alles hinter sich zu lassen, was Ihnen nicht länger dienlich ist. Sie haben gelernt, viel bewusster auf Ihren inneren Dialog zu achten und Negatives zu positiven Affirmationen umzuformulieren. Auch arbeiten Sie nach Kräften daran, aus Ihrem inneren Kritiker einen bewundernden Fan zu machen, der Ihre Anstrengungen und Entschlossenheit lobt, Ihr Leben zum Besseren zu verändern. Damit sind Sie auf einem guten Weg!

Zwei Lektionen der letzten Woche widmeten sich dem inneren Kind, und Sie sind sie mutig angegangen. Loben Sie sich dafür! Sie haben sich mit Ihrem inneren Kind vertraut gemacht und beginnen zu verstehen, was dieses kleine Wesen sich wünscht. Auch nehmen Sie sich die Zeit, dieses Kind in den Arm zu nehmen und wissen zu lassen, dass Sie es lieben und beschützen. Ich bin wirklich stolz auf Sie, weil Sie diesen enormen Schritt zur Selbstliebe tun!

Nach diesen ersten 14 Lektionen verstehen Sie besser, wie Ihr Körper innere Gedanken und Gefühle widerspiegelt. Sie achten aufmerksam auf die Botschaften des Körpers. Sie haben damit begonnen, Ihrem Körper die liebevolle Nahrung zu geben, die er benötigt: ermutigende Gedanken und positive Affirmationen. Und Sie entdecken, wie gut es sich anfühlt, seine wahren Gefühle und Emotionen auszudrücken, sogar die negativen. Auch müssen Sie sich unbedingt dafür loben, dass Sie mutig daran arbeiten, sich von der Wut auf andere Menschen zu befreien. Diese heilende Erfahrung kann Ihr ganzes Leben verändern.

Indem Sie Ihre Ängste beobachteten und mithilfe der Spiegelarbeit auflösten, haben Sie in dieser Woche noch eine wichtige Lektion gelernt. *Sie sind nicht Ihre Ängste.* Angst ist lediglich eine künstlich errichtete Barriere in Ihrem Bewusstsein. Sie können jederzeit zwischen Angst und Liebe wählen.

In dieser Woche haben Sie außerdem eines meiner Lieblings-Prinzipien praktiziert: *Wie ein Mensch seinen Tag beginnt, so lebt er oft sein ganzes Leben.* Zu wissen, dass Sie ab jetzt Ihre Tage mit liebevollen Gedanken beginnen, macht mich glücklich. Damit schaffen Sie die mentale Voraussetzung für einen wunderschönen Tag.

Sehen Sie, wie viel Sie in nur 14 Tagen bereits gelernt haben? Bleiben Sie der Spiegelarbeit bitte weiterhin treu, auch wenn das alles noch sehr neu für Sie ist. Denken Sie immer daran, dass ich an Ihrer Seite bin.

Affirmieren wir gemeinsam: *Hier bin ich, Welt – offen und empfänglich für all das Wunderbare, das dieser Kurs in Spiegelarbeit mich lehrt.*

Spiegel-Übung für den 14. Tag

1. Finden Sie ein Kindheitsfoto aus einer Zeit, als Sie wirklich glücklich waren. Vielleicht ist es ein Schnappschuss von einem Ihrer Kindergeburtstage. Oder man sieht Sie, wie Sie mit Freunden spielen oder einen Ihrer Lieblingsorte besuchen.

2. Kleben Sie dieses Foto mit Klebestreifen an Ihren Badezimmerspiegel.

3. Sprechen Sie mit dem fröhlichen Kind auf diesem Foto. Sagen Sie ihm, dass Sie sich gerne wieder so fühlen möchten. Sprechen Sie mit Ihrem inneren Kind über Ihre wahren Gefühle und darüber, was Sie davon abhält, wieder so glücklich zu sein.

4. Sprechen Sie folgende Affirmationen: *Ich bin bereit, alle meine Ängste hinter mir zu lassen. Ich bin sicher und behütet. Ich liebe mein inneres Kind. Ich liebe dich. Ich bin glücklich. Ich bin zufrieden. Ich werde geliebt.*

5. Wiederholen Sie diese Affirmationen zehnmal.

Ihre innere Kraft:
Tagebuch-Übung für den 14. Tag

1. Schlagen Sie die erste Übung von Tag 7 (siehe Seite 65) auf.

2. Lesen Sie, was Sie an diesem Tag über Ihre Gefühle und Beobachtungen bei der Spiegelarbeit notiert haben.

3. Schreiben Sie nun auf eine neue Seite Ihre Gefühle und Beobachtungen von der Spiegelarbeit des heutigen Tages

auf. Fallen Ihnen die Übungen inzwischen leichter? Fühlen Sie sich beim Blick in den Spiegel wohler?

4. Notieren Sie, welche Übungen besonders erfolgreich sind und welche Ihnen die meisten Probleme bereiten.

5. Denken Sie sich eine neue Spiegel-Übung und Affirmationen für die Bereiche aus, in denen Sie sich blockiert fühlen.

Ihr Herzgedanke für den 14. Tag:
Ich konzentriere mich auf die Wunder und das Schöne

Entscheiden Sie sich bewusst dafür, alle negativen, destruktiven, angstmachenden Vorstellungen und Gedanken aus Ihrem Bewusstsein zu eliminieren. Beteiligen Sie sich nicht länger an dem negativem Gerede. Hören Sie nicht darauf. Niemand kann Ihnen Schaden zufügen, weil Sie nicht länger daran glauben, verletzlich zu sein. Sie geben sich nicht länger schädlichen Emotionen hin, wie gerechtfertigt sie auch zu sein scheinen. Stattdessen erheben Sie sich über alles, was Sie früher wütend oder ängstlich machte. Destruktive Gedanken haben keine Macht über Sie.

Denken Sie nur an das und sprechen Sie nur aus, was Sie wirklich in Ihrem Leben erschaffen wollen. Sie verfügen über alle erforderlichen Ressourcen und Fähigkeiten, um es zu verwirklichen, denn Sie sind eins mit der Macht, die Sie erschuf. Es kann Ihnen nichts geschehen. Alles ist gut in Ihrer Welt.

Meditation für den 14. Tag:
Spüren Sie Ihre Macht

Heißen Sie diesen neuen Tag mit offenen Armen und voller Liebe willkommen. Spüren Sie Ihre Macht. Spüren Sie die Macht des Atems. Spüren Sie die Macht der Stimme. Spüren Sie die Macht Ihrer Liebe. Spüren Sie die Macht der Vergebung. Spüren Sie die Macht der Bereitschaft, sich zu verändern und Ihr Potenzial zu entfalten.

Sie sind wunderschön. Sie sind ein göttliches, großartiges Wesen. Sie verdienen alle guten Dinge des Lebens – nicht nur ein bisschen davon, nein, *alle* guten Dinge! Spüren Sie Ihre Macht, nehmen Sie diese dankbar an und vertrauen Sie darauf, dass Sie sicher und behütet sind.

DRITTE WOCHE

TAG 15

Vergeben Sie sich selbst und jenen, die Ihnen Schmerz zufügten

In der heutigen Lektion geht es um Vergebung:
Indem Sie sich selbst und jenen vergeben,
die Ihnen Schmerz zufügten, öffnen Sie Ihr Herz
für eine neue Ebene der Selbstliebe.

Während der vergangenen zwei Wochen haben Sie viele alte Glaubenssätze hinter sich gelassen, die Hemmschuhe für Ihre Weiterentwicklung waren. Ich weiß, dass diese Aufgabe nicht leicht war. Daher sollten Sie sich die Zeit nehmen, Ihren Fortschritt gebührend zu feiern. Wie fühlt es sich an, wenn Sie heute in den Spiegel schauen und sich so viel leichter fühlen? Atmen Sie tief ein. Atmen Sie aus und sagen Sie: »Aah! Ich löse mich von meiner Vergangenheit und fühle mich großartig!«

Vergebung ist für uns alle ein schwieriges Thema. Wir bauen diese inneren Blockaden viele Jahre lang auf. Geben Sie mir die Hand, dann werden wir gemeinsam daran arbeiten, uns selbst und jenen zu vergeben, die uns Schmerz zufügten. Ich weiß, dass Sie dazu in der Lage sind!

Vergebung öffnet unser Herz für die Selbstliebe. Wenn Sie ein Problem damit haben, sich selbst zu lieben, können Sie in einem Zustand stecken bleiben, in dem Sie sich der Vergebung verweigern. Viele von uns tragen jahrelang Groll und Verbitterung mit sich herum. Wir machen anderen in selbstgerechter Weise Vorwürfe wegen dem, was sie uns angetan haben. Ich nenne es das Gefängnis der selbstgerechten Verbitterung. Wir mögen im Recht sein, doch glücklich sind wir nicht.

Vielleicht widersprechen Sie und sagen: »Aber Sie wissen ja nicht, was mir dieser Mensch angetan hat! Es ist absolut unverzeihlich!« Doch wenn Sie nicht zu Vergebung bereit sind, tun Sie sich selbst etwas Schreckliches an. Verbitterung ist so schädlich, als würden Sie täglich einen Löffel voll Gift schlucken. Sie staut sich in Ihnen an und schädigt Sie sehr. Wer sich in Bitterkeit und Groll an die Vergangenheit kettet, kann nicht gesund und frei sein.

Eine der größten spirituellen Lektionen ist die Erkenntnis, dass jeder Mensch sein Bestes gibt – mit dem Wissen und dem Einsichtsvermögen, das ihm im jeweiligen Moment zur Verfügung steht. Die Menschen können nur entsprechend der Einsicht, der Bewusstheit und dem Wissen handeln, über die sie verfügen. Ausnahmslos alle Menschen, die andere schlecht behandeln, wurden in der Kindheit selbst schlecht behandelt. Je größer die in der Kindheit erlebte Gewalt war, je größer der innere Schmerz ist, desto aggressiver sind sie. Damit ist nicht gemeint, dass ihr Verhalten akzeptiert oder entschuldigt werden sollte. Doch damit Sie sich spirituell weiterentwickeln können, müssen Sie sich des Leidens der anderen bewusst werden.

Der Vorfall, wegen dem Sie verbittert sind, ist vorbei – vielleicht schon seit langer Zeit. Lösen Sie sich davon. Befreien Sie sich. Verlassen Sie Ihr persönliches Gefängnis, das Sie selbst gebaut haben, und treten Sie hinaus in den Sonnenschein des Lebens. Wenn die unangenehme Situation immer noch andauert, fragen Sie sich, warum Sie sich das antun. Lieben Sie sich so wenig? Warum harren Sie in einer Situation wie dieser aus?

Sie selbst entscheiden: Wollen Sie in Wut und Verbitterung verharren oder sich den Gefallen tun, das Geschehene zu vergeben und weiterzugehen – vorwärts in ein glückliches, erfülltes Leben, das Sie sich nach eigenen Wünschen selbst erschaffen? Sie haben die Freiheit, Ihr Leben so zu gestalten, wie es Ihren Wünschen entspricht. Sie können frei wählen.

Der Zweck der heutigen Lektion ist es, Ihr Selbstwertgefühl so weit anzuheben, dass Sie nur noch liebevolle Erfahrungen in Ihrem Leben dulden. Verschwenden Sie bitte keine Zeit mit dem Versuch, es den anderen »heimzuzahlen«. Das funktioniert nicht. Sie ernten immer das, was Sie säen. Lösen Sie sich also von der Vergangenheit und konzentrieren Sie sich darauf, sich selbst hier und jetzt Liebe zu schenken. Dann erwartet Sie eine wunderbare Zukunft!

Ich habe gelernt, dass es für die Vergebungsarbeit nicht notwendig ist, tatsächlich zu den beteiligten Personen zu gehen und ihnen zu sagen, dass Sie ihnen vergeben. Manchmal werden Sie das tun wollen, aber es ist nicht notwendig. Der wichtigste Teil der Vergebung findet in Ihrem Herzen statt, vor dem Spiegel.

Denken Sie daran: Vergebung ist selten etwas, das Sie für andere tun. Sie tun es vor allem für sich selbst.

Immer wieder berichten mir Menschen von der Erfahrung, dass Sie jemandem wirklich und aufrichtig vergeben haben und dann der Betreffende ein oder zwei Monate später anruft oder schreibt und Sie um Vergebung bittet. Das geschieht offenbar besonders oft, nachdem Vergebungsübungen vor dem Spiegel gemacht wurden. Lassen Sie also tiefe Gefühle zu, wenn Sie heute vor dem Spiegel die Übungen dieser Lektion machen.

Affirmieren wir gemeinsam: *Wenn ich mir selbst vergebe, fällt es mir leichter, anderen zu vergeben.*

Spiegel-Übung für den 15. Tag

Ich bin überzeugt, dass Vergebungsarbeit am wirkungsvollsten vor dem Spiegel ist. Ich empfehle einen Spiegel,
vor dem Sie sich bequem hinsetzen können. Ich benutze
gerne den hohen Spiegel auf der Innenseite meiner Schlaf-
zimmertür. Nehmen Sie sich für diese Übung Zeit. Und
vermutlich werden Sie sie öfter wiederholen wollen. In der
Regel gibt es viele Menschen, denen wir vergeben möchten.

1. Setzen Sie sich vor Ihren Spiegel und schließen Sie die
   Augen. Atmen Sie ein paarmal tief ein und aus. Fühlen
   Sie, dass Sie gut geerdet auf dem Stuhl sitzen.
2. Denken Sie an die vielen Menschen, die Ihnen im Lauf
   des Lebens Schmerz zugefügt haben. Lassen Sie alle vor
   Ihrem inneren Auge vorüberziehen. Öffnen Sie jetzt die
   Augen und sprechen Sie mit einem von ihnen – laut.
   Sagen Sie etwas wie: »Du hast mir sehr wehgetan. Ich
   dachte, ich würde nie darüber hinwegkommen. Doch
   ich werde mich nun nicht länger an die Vergangenheit
   fesseln. Ich bin bereit, dir zu vergeben.« Wenn Sie das
   nicht über die Lippen bringen, sagen Sie nur: »Ich bin
   bereit.« Ihre Bereitschaft ist alles, was erforderlich ist,
   um Vergebung möglich zu machen.
3. Atmen Sie tief durch und sagen Sie zu diesem Menschen: »Ich vergebe dir. Ich gebe dich frei.« Atmen Sie erneut tief durch, und sagen Sie: »Du bist frei. Ich bin frei.«
4. Achten Sie darauf, wie Sie sich jetzt fühlen. Es kann sein,
   dass Sie inneren Widerstand spüren, vielleicht fühlen

Sie sich aber auch einfach erleichtert. Wenn Sie Widerstand spüren, atmen Sie einfach ruhig und tief und affirmieren Sie: *Ich bin bereit, allen Widerstand aufzugeben.*

5. Wenn Sie diese Übung wiederholen, an diesem oder einem anderen Tag, können Sie die Zahl der Personen erweitern, denen Sie vergeben möchten. Denken Sie daran, Vergebung ist kein einmaliges Ereignis, sondern ein Prozess. Bei manchen Personen wird es länger dauern, die Vergebung nur allmählich tiefer werden, Schritt für Schritt. Vielleicht sind Sie gleich am ersten Tag in der Lage, mehreren Menschen zu vergeben. Vielleicht gelingt es an diesem Tag aber auch nur bei einer Person. Machen Sie diese Übung einfach so, wie es sich für Sie richtig anfühlt. Das Universum und die Vergebung sehen Ihre Bereitschaft und erkennen sie an. Manchmal ist Vergebung wie das Häuten einer Zwiebel. Gibt es zu viele Schichten, legen Sie die Zwiebel einfach für einen oder mehrere Tage beiseite. Sie können sie sich jederzeit wieder vornehmen und eine weitere Haut abschälen. Dass Sie überhaupt bereit sind, diese Übung zu machen, ist ein gutes Zeichen! Ihre Heilung macht Fortschritte.

Ihre innere Kraft:
Tagebuch-Übung für den 15. Tag

1. Legen Sie leise Musik auf – Musik, bei der Sie gut entspannen können und in eine friedvolle Stimmung versetzt werden. Nehmen Sie Tagebuch und Stift, und lassen Sie Ihre Gedanken wandern.

2. Blicken Sie zurück auf alle Situationen, in denen Sie wütend auf sich selbst waren. Schreiben Sie *alle* auf. Möglicherweise entdecken Sie dabei, dass Sie sich nie verziehen haben, sich damals in der ersten Schulklasse in die Hose gemacht zu haben. Wie lange tragen Sie diese Last schon mit sich herum!

3. Nehmen Sie die Liste und schreiben Sie für jede dieser Situationen eine positive Affirmation. Wenn Sie geschrieben haben: *Ich habe mir nie verziehen, dass [der Vorfall]*, könnte Ihre Affirmation lauten: Jetzt ist ein anderer Zeitpunkt. *Ich bin frei, mich davon zu lösen.* Denken Sie daran, manchmal ist es leichter, anderen zu vergeben als sich selbst. Oft verlangen wir von uns selbst Vollkommenheit und sind härter zu uns als zu anderen. Doch es ist an der Zeit, diese alte Einstellung abzulegen. Vergeben Sie sich. Lassen Sie los. Geben Sie sich Raum, spontan und frei zu sein.

4. Legen Sie jetzt das Tagebuch weg und gehen Sie nach draußen – an den Strand, in einen Park, es kann aber auch nur ein leerer Parkplatz sein – und laufen Sie! Kein diszipliniertes Joggen – rennen Sie, wild und frei! Schlagen Sie Purzelbäume. Toben Sie ausgelassen herum. Lachen Sie. Nehmen Sie Ihr inneres Kind mit, damit Sie Spaß haben können. Kümmern Sie sich nicht darum, was die anderen denken könnten. Es ist Ihre Freiheit!

Ihr Herzgedanke für den 15. Tag:
Ich kann vergeben

Ich bin eins mit dem Leben, und das Leben liebt und unterstützt mich. Daher beanspruche ich für mich ein Herz voller Liebe und Offenheit. Wir alle tun in jedem Augenblick das, was unserem Kenntnisstand und unseren Möglichkeiten entspricht. Das gilt auch für mich. Die Vergangenheit ist vorbei und erledigt. Ich bin nicht meine Eltern und deren negative Denkmuster. Ich bin mein eigenes, einzigartiges Selbst und entscheide mich dafür, mein Herz zu öffnen. Ich lasse Liebe, Mitgefühl und Einsicht alle Erinnerungen an den früheren Schmerz hinwegspülen. Ich bin frei, alles zu sein, das ich sein kann. Das ist die Wahrheit meines Seins, und ich akzeptiere, dass es so ist. Alles ist gut in meinem Leben.

Meditation für den 15. Tag:
Vergebung

Hier sind einige positive Affirmationen für Vergebung. Wiederholen Sie diese oft.

Die Tür meines Herzens öffnet sich nach innen. Durch Vergebung gelange ich zur Liebe.

Dadurch, dass ich mein Denken ändere, ändert sich meine Welt.

Die Vergangenheit ist vorbei und hat keine Macht über mich. Mit meinen jetzigen Gedanken erschaffe ich meine Zukunft.

Es macht keinen Spaß, Opfer zu sein. Ich weigere mich, noch länger hilflos zu sein. Ich beanspruche meine Macht.

Ich mache mir die Freiheit von der Vergangenheit zum Geschenk. Voller Freude lebe ich im Jetzt.

Kein Problem ist so groß, dass es sich nicht mit Liebe lösen ließe.

Ich bin bereit, geheilt zu werden. Ich bin bereit zur Vergebung, und alles ist gut.

Ich weiß, dass alte, negative Muster mich nicht länger behindern und einschränken. Mit Leichtigkeit löse ich mich von ihnen.

Ich vergebe mir selbst, und dadurch wird es leichter, auch anderen zu vergeben.

Ich vergebe mir, dass ich nicht perfekt bin. Ich gebe mein Bestes mit dem Wissen, über das ich verfüge.

Ich kann jetzt gefahrlos alle traumatischen Erfahrungen aus meiner Kindheit auflösen und mich für die Liebe öffnen.

Ich vergebe allen Menschen in meiner Vergangenheit, die mir nach meinem Empfinden Unrecht zugefügt haben. Liebevoll lasse ich sie los.

In meinem Leben erwarten mich nur positive Veränderungen, ich bin beschützt und geborgen.

TAG 16

Unsere Beziehungen heilen

Heute lernen Sie, eine alte Liebe loszulassen,
eine zerbrochene Beziehung zu heilen
und nach einer neuen Liebe zu suchen.

Vergebung ist die Wunderkur, nach der wir alle suchen. Vermutlich fühlen Sie sich inzwischen schon viel optimistischer und schöner. Feiern Sie Ihre Freiheit, und umgeben Sie sich mit Liebe.

Liebe ist heute Ihr Thema. Vielleicht möchten Sie sich von einer alten Liebe lösen, eine zerbrochene Beziehung heilen oder nach einer neuen Liebe suchen. Ich möchte, dass Sie jetzt in den Spiegel schauen. Sehen Sie diesen wunderbaren, liebevollen Menschen, der Ihnen entgegenblickt? Das ist der wichtigste Mensch, den Sie kennen: Sie selbst!

Wenn Sie eine Beziehung zu einem anderen Menschen heilen möchten, müssen Sie zuerst die Beziehung zu sich selbst heilen. Warum sollte ein anderer Mensch gerne an Ihrer Seite sein wollen, wenn Sie sich selbst nicht leiden können? Wenn Sie glücklich mit sich sind, dann werden sich auch alle Beziehungen zu anderen Menschen verbessern. Ein glücklicher Mensch ist für andere attraktiv. Wenn Sie sich mehr Liebe in Ihrem Leben wünschen, müssen Sie sich selbst mehr lieben. So einfach ist das.

Das bedeutet, dass Sie sich selbst nicht kritisieren, sich keine Vorwürfe machen, nicht jammern und dass Sie sich nicht dafür entscheiden, sich einsam zu fühlen. Manche von uns empfinden es als notwendig, Liebe zu *spüren*, indem sie umarmt und zärtlich berührt werden. Andere möchten hören, dass jemand zu Ihnen sagt: *Ich liebe dich.* Wieder andere möchten einen Liebesbeweis *sehen*, vielleicht einen Blumenstrauß. Oft ist die von uns bevorzugte Art, Liebe zu empfangen, auch die Art, auf die wir selbst besonders gerne Liebe geben, weil wir uns dabei am wohlsten fühlen.

Ich empfehle Ihnen, mithilfe des Spiegels täglich an Ihrer Selbstliebe zu arbeiten. Wiederholen Sie bei jeder Gelegenheit Ihre liebevollen Affirmationen. Zeigen Sie, dass Sie sich selbst immer mehr lieben. Schenken Sie sich selbst viel Liebe und Zuwendung. Verwöhnen Sie sich. Zeigen Sie sich, wie besonders Sie sind. Das Leben spiegelt uns immer unsere Gefühle wider. Wenn Sie einen Sinn für Liebe und Romantik entwickeln, werden Sie den richtigen Menschen, der diese wachsende Intimität mit Ihnen teilen möchte, magisch anziehen.

Wenn Sie vom Einsamkeitsdenken zum Erfüllungsdenken übergehen wollen, dann müssen Sie sich eine liebevolle geistige Atmosphäre schaffen, innen und außen. Lösen Sie sich von allen negativen Gedanken bezüglich Liebe und Romantik. Konzentrieren Sie sich stattdessen darauf, allen Menschen mit Liebe, Wertschätzung und Anerkennung zu begegnen.

Wenn Sie sich selbst wirklich lieben, werden Sie zentriert, ruhig und selbstsicher bleiben. Dann werden Ihre Beziehungen zu Hause und am Arbeitsplatz wundervoll sein. Sie werden anders auf Menschen und Situationen reagieren. Dinge, die Ihnen zuvor enorm wichtig schienen, werden Sie nicht mehr so entscheidend finden. Sie werden neue Menschen kennenlernen, und möglicherweise werden einige alte Beziehungen aus Ihrem Leben verschwinden. Das mag Ihnen anfangs Angst machen, aber es kann auch erfrischend und aufregend sein.

Denken Sie daran: Wenn Sie freudige Gedanken denken, werden Sie ein glücklicher Mensch sein. Alle werden Ihre Nähe suchen, und alle zwischenmenschlichen Beziehungen werden aufblühen und sich gut entwickeln.

Affirmieren wir gemeinsam: *Tief in meiner Mitte gibt es einen unerschöpflichen Brunnen der Liebe. Ich bin Liebe.*

Spiegel-Übung für den 16. Tag

1. Kehren Sie noch einmal zur Lektion von Tag 2 (siehe Seite 21) zurück.
2. Stellen Sie sich vor Ihren Spiegel.
3. Schauen Sie sich tief in die Augen und sprechen Sie folgende Affirmation: *Ich liebe dich. Ich liebe dich wirklich.*
4. Sprechen Sie sich nun mit Namen an: *Ich liebe dich, [Ihr Name]. Ich liebe dich wirklich.* Diese Affirmation ist es wert, möglichst oft wiederholt zu werden.
5. Wenn es in Ihren Beziehungen zu anderen Menschen Probleme gibt, schauen Sie sich in die Augen, atmen Sie tief durch und sagen Sie: *Ich löse mich jetzt von Beziehungen, die nicht meinem Wohl dienen.* Wiederholen Sie das fünfmal vor dem Spiegel, wobei Sie mit jeder Wiederholung mehr Bedeutung und Nachdruck hineinlegen. Denken Sie dabei besonders an jene Beziehungen, mit denen Sie sich nicht wohlfühlen.

Ihre innere Kraft:
Tagebuch-Übung für den 16. Tag

1. Schreiben Sie in Ihr Tagebuch, wie Sie als Kind Liebe erlebten. Haben Sie gesehen, wie Ihre Eltern Liebe und Zuneigung zum Ausdruck brachten? Wurden Sie als Kind oft umarmt? Verbarg man in Ihrer Familie die Liebe hinter Streit, Weinen oder Schweigen?
2. Notieren Sie zehn Liebes-Affirmationen und praktizieren Sie diese vor dem Spiegel. Hier ein paar Beispiele:

Ich verdiene Liebe. Je mehr ich mich für die Liebe öffne, desto mehr Sicherheit und Geborgenheit erfahre ich. Heute erinnere ich mich daran, dass das Leben mich liebt. Ich öffne mich dafür, mich von der Liebe finden zu lassen, zur rechten Zeit und am rechten Ort.

3. Notieren Sie zehn Dinge,die Sie gerne tun. Wählen Sie fünf aus, und erledigen Sie sie heute.

4. Nehmen Sie sich ein paar Stunden Zeit, um sich zu verwöhnen: Kaufen Sie sich Blumen, gönnen Sie sich ein gesundes, köstliches Essen, zeigen Sie sich, wie besonders Sie sind.

5. Wiederholen Sie Schritt 3 dann täglich!

Ihr Herzgedanke für den 16. Tag:
Ich lebe in einem Kreis der Liebe

Umhüllen Sie Ihre Familie mit einem Kreis der Liebe, die lebenden geliebten Menschen ebenso wie die verstorbenen. Dehnen Sie den Kreis aus und schließen Sie Freunde, Kollegen und alle Menschen aus Vergangenheit und Gegenwart mit ein, denen Sie vergeben möchten, aber nicht wissen, wie.

Werden Sie sich bewusst, dass Sie mit Würde in Frieden und Freude leben können. Dehnen Sie Ihren Kreis der Liebe so weit aus, dass er den ganzen Planeten umfasst. Öffnen Sie Ihr Herz und schaffen Sie so in Ihnen Raum für bedingungslose Liebe.

Meditation für den 16. Tag:
Liebe heilt

Liebe ist die größte Heilungskraft, die es gibt. Senden Sie allen Menschen, die Sie kennen, jede Menge Trost, Anerkennung, Unterstützung und Liebe. Machen Sie sich bewusst, dass Sie selbst empfangen werden, was Sie aussenden.

Visualisieren Sie einen Kreis der Liebe, der die lebenden ebenso wie die verstorbenen Mitglieder Ihrer Familie umhüllt. Dehnen Sie den Kreis aus und schließen Sie Freunde, Kollegen und alle Menschen aus der Vergangenheit mit ein. Stellen Sie sich selbst in den Kreis. Sie verdienen es, geliebt zu werden. Sie sind wunderschön. Sie sind mächtig. Öffnen Sie sich für alles Gute und für die bedingungslose Liebe in Ihnen. Affirmieren Sie:

Ich öffne mich für die Liebe.

Ich bin bereit, zu lieben und geliebt zu werden.

Ich sehe mich in jeder Hinsicht gedeihen. Ich sehe, dass ich kreative Erfüllung finde.

Ich habe wunderbare, harmonische Beziehungen, die auf gegenseitigem Respekt und liebevoller Zuwendung beruhen.

TAG 17

Stressfrei leben

Stress ist eine Angstreaktion auf das Leben
und seine unaufhörlichen Veränderungen.
Heute werden Sie lernen,
sich weniger gestresst zu fühlen.

Aus Ihren Briefen und den Kommentaren auf meiner Facebook-Seite weiß ich, dass viele von Ihnen unter großem Stress stehen. Wissen Sie, warum Sie sich so gestresst fühlen?

Stress ist eine Angstreaktion auf die unvermeidlichen, unaufhörlichen Veränderungen des Lebens. *Stress* ist zu einem Modewort geworden: Wir benutzen es als Entschuldigung dafür, dass wir keine Verantwortung für unsere Gefühle übernehmen, vor allem nicht für unsere Angst. Doch wenn Sie *Stress* mit *Angst* gleichsetzen – und verstehen, dass Stress eigentlich eine Angstreaktion ist –, können Sie sich von dem *Bedürfnis* befreien, ein stressiges Leben zu führen.

Ein friedvoller, entspannter Mensch hat keine Angst und ist nicht gestresst. Wenn Sie sich also gestresst fühlen, fragen Sie sich, wovor Sie sich fürchten. Die meisten Leute haben eine lange Liste von Sorgen, wobei Arbeit, Geld, Familie und Gesundheit an oberster Stelle stehen. Es geht also darum, wie Sie Ihre Angst auflösen und mit einem Gefühl der Sicherheit durchs Leben gehen können. Spiegelarbeit und positive Affirmationen können hier viel bewirken. Sie ersetzen dadurch nämlich Ihre negativen, einengenden Gedanken durch positive Gedanken, die Frieden, Freude und Harmonie hervorbringen, also ein stressfreies Leben.

Ich spreche in diesem Zusammenhang gerne von der *Gesamtheit aller Möglichkeiten*. Dieses Bild habe ich von einem meiner frühen Lehrer in New York übernommen. Es war für mich immer eine tolle »Startrampe«, um geistig weit über das hinauszugehen, was ich bislang für möglich gehalten hatte – weit hinaus über die einengenden Glaubenssätze, mit denen ich aufwuchs.

Als Kind wusste ich nicht, dass der größte Teil der ständigen Kritik, die Erwachsene auf mich niederprasseln ließen, völlig ungerechtfertigt war. Es handelte sich lediglich um ihre Reaktion auf einen stressigen, enttäuschenden Tag. Doch ich hielt ihre Kritik für wahr. Und die negativen Gedanken und Glaubenssätze über mich selbst, die ich auf diese Weise verinnerlichte, beeinträchtigten viele Jahre lang mein Leben. Es mag sein, dass ich gar nicht ungeschickt, dumm oder lächerlich auf andere wirkte, aber ich selbst fühlte mich so.

Unsere Glaubenssätze über uns selbst und das Leben bilden sich größtenteils bereits bis zum Ende des fünften Lebensjahres heraus. Als Teenager erweitern wir sie ein bisschen, und wenn wir älter werden, noch ein bisschen, aber viel verändert sich da nicht mehr. Wenn ich Sie nach dem Ursprung eines Ihrer Glaubenssätze frage, würde sich in den meisten Fällen zeigen, dass er sich auf eine Entscheidung zurückführen lässt, die Sie in der frühen Kindheit getroffen haben.

Wir leben also in den Bewusstseinsgrenzen von Fünfjährigen. Diese Begrenztheit hindert uns allzu oft daran, die Gesamtheit unserer Möglichkeiten zu erfahren und zum Ausdruck zu bringen. Wir denken beispielsweise: *Ich bin nicht klug genug. Ich bin unordentlich. Diese Sache ist eine Nummer zu groß für mich. Ich habe nicht genug Zeit.* Und so weiter. Viel zu viele von uns nehmen hin, dass einengende Glaubenssätze wie diese ihrem Glück im Weg stehen!

Doch Sie können wählen, ob Sie diese Grenzen und Blockaden weiterhin akzeptieren oder sich davon befreien. Vergessen Sie nicht: Diese Grenzen existieren nur in Ihrem Bewusstsein und haben mit der Wirklichkeit nichts zu tun. Wenn Sie lernen, Ihre negativen Glaubenssätze hinter sich zu lassen, und wenn Sie sich für die Gesamtheit aller Möglichkeiten öffnen, werden Sie entdecken, *dass Sie gut genug sind*. Sie sind allen Herausforderungen gewachsen. Und Sie haben alle Zeit, die Sie brauchen. Sie sind sich Ihres enormen Potenzials bewusst, und Sie können bemerkenswerte Leistungen vollbringen.

Affirmieren wir gemeinsam: *Mit jedem Tag werde ich zuversichtlicher und tüchtiger. Meinen Fähigkeiten sind keine Grenzen gesetzt.*

Spiegel-Übung für den 17. Tag

1. Setzen Sie sich für diese Übung bitte auf einen bequemen Stuhl, legen Sie die Hände in den Schoß und stellen Sie beide Füße flach auf den Boden. Spüren Sie, wie Angst und Anspannung aus dem Körper weichen. Spüren Sie, wie die Muskeln sich entspannen. Lassen Sie Ihren ganzen Körper sich entspannen.

2. Nehmen Sie Ihren Taschenspiegel, und schauen Sie sich tief in die Augen. Sagen Sie: *Ich löse mich von allen Ängsten. Ich befreie mich von jeder Anspannung. Ich bin friedvoll. Es ist mein göttliches Recht, frei von Stress zu sein.* Wiederholen Sie diese Affirmationen mehrmals.

3. Schließen Sie die Augen, und atmen Sie ein paar Minuten tief und entspannt. Wiederholen Sie diese Affirmationen: *Ich glaube an MICH. Ich bin tüchtig und talentiert. Ich kann es! Ich meistere alle Herausforderungen. Ich glaube an meine Möglichkeiten.*

4. Jedes Mal, wenn Sie Ihr Spiegelbild heute sehen, wiederholen Sie diese Affirmationen: *Ich bin friedvoll. Ich habe alle Zeit, die ich brauche. Leicht und mühelos fließe ich mit dem Leben.*

Ihre innere Kraft:
Tagebuch-Übung für den 17. Tag

1. Schließen Sie die Augen und reisen Sie zurück in die Vergangenheit. Sehen Sie sich selbst im Alter von fünf Jahren. Wo sind Sie? Im Kindergarten? Zu Hause? Was

hat Ihnen damals Freude gemacht? Wie sahen Sie die Welt? Öffnen Sie die Augen und schreiben Sie alles auf, was Ihnen in den Sinn kommt.

2. Erinnern Sie sich an Sorgen oder negative Glaubenssätze, die Sie mit fünf Jahren hatten? Erinnern Sie sich an verletzte Gefühle? Schreiben Sie alles auf.

3. Schreiben Sie neben alle Glaubenssätze, die Sie eben in Schritt 2 notiert haben, die wahren Gründe für diese Glaubenssätze. Vielleicht hatten Ihre Eltern an diesem Tag beruflichen Ärger und sagten etwas zu Ihnen, das nicht der Wahrheit entsprach. Vielleicht ließ ein Spielkamerad, der sich ungeliebt fühlte, seinen Frust an Ihnen aus. Schreiben Sie alle Ihre Gedanken dazu in Ihr Tagebuch.

4. Erstellen Sie eine Liste mit Dingen, durch die Sie sich in dieser Woche gestresst fühlen. Haben sie etwas mit dem begrenzten Denken Ihres fünfjährigen Kinderbewusstseins zu tun? Nehmen Sie sich die Zeit, Ihre tiefsten Gedanken und Reflexionen aufzuschreiben.

Ihr Herzgedanke für den 17. Tag:
Ich bin offen für die Gesamtheit meiner Möglichkeiten

Was bedeutet die Gesamtheit aller Möglichkeiten für Sie? Es geht darum, alle Grenzen hinter sich zu lassen. Eliminieren Sie Gedanken wie die Folgenden aus Ihrem Bewusstsein: *Das ist unmöglich. Es wird nicht funktionieren. Ich habe einfach nicht genug Zeit. Es gibt zu viele Hindernisse.*

Bedenken Sie, wie oft Sie schon mentale Grenzen wie diese gezogen haben: *Für mich als Frau ist das unmöglich.*

Für mich als Mann ist das unmöglich. Mir fehlen die erforderlichen Fähigkeiten. Gewiss mögen Sie Ihre Gründe haben, an solchen Selbstbeschränkungen festzuhalten. Doch Sie hindern sich damit daran, die Gesamtheit aller Möglichkeiten zu erfahren und zum Ausdruck zu bringen. Jedes Mal, wenn Sie denken: *Ich kann das nicht,* schränken Sie Ihre Möglichkeiten ein. Sind Sie bereit, über das hinauszugehen, was Sie heute glauben?

Meditation für den 17. Tag:
Affirmationen für ein stressfreies Leben

Negatives, ängstliches Denken erzeugt ständig neuen Stress. Nachfolgend finden Sie Affirmationen, die Sie jederzeit anwenden können, wenn negative Gedanken aufkommen – vor dem Spiegel, im Auto, bei der Arbeit:

Ich befreie mich von Furcht und Zweifeln. So wird mein Leben einfach und mühelos.

Ich atme langsam ein und aus, und mit jedem Atemzug werde ich entspannter.

Ich bin talentiert und tüchtig und meistere jede Herausforderung.

Ich ruhe in meiner Mitte, bin konzentriert und fühle mich von Tag zu Tag sicherer.

Ich kann gefahrlos meine Gefühle zeigen.

In jeder Lebenslage bewahre ich Ruhe und Gelassenheit.

Ich vertraue darauf, dass ich jedes Problem bewältige, das während des Tages auftaucht.

Mir ist klar, dass Stress lediglich Angst ist. Ich befreie mich jetzt von allen Ängsten.

TAG 18

Reichtum empfangen

Sind Sie ein Magnet für Wunder, Geld, Wohlergehen und Fülle? Heute lernen Sie, was Sie erreichen können, wenn Sie sich dafür öffnen, Gutes zu empfangen.

Jetzt ist ein guter Zeitpunkt, um sich noch einmal Ihre Notizen vom Beginn dieses Kurses anzuschauen. Sehen Sie, wie viel Sie inzwischen gelernt haben? Ist es nicht schon viel angenehmer, vor dem Spiegel Affirmationen zu sprechen? Ja, Sie sind wahrhaftig ein Magnet für Wunder!

Glauben Sie, dass Sie auch ein Magnet für Geld, Wohlstand und Fülle sind? In der Welt gibt es unendlich viel Fülle, die nur darauf wartet, von Ihnen erlebt zu werden. Es gibt mehr Geld, als Sie je ausgeben können. Es gibt mehr Freude, als Sie sich vorstellen können. Es gibt mehr Menschen, als Sie je kennenlernen können. Wenn Sie sich das wirklich bewusst machen, wird Ihnen klar, dass Sie alles, aber auch wirklich alles, bekommen können, was Sie brauchen und sich wünschen.

Die Macht in uns möchte uns unsere kühnsten Träume erfüllen und uns jederzeit unendliche Fülle schenken. Sind Sie offen dafür, diesen Reichtum zu empfangen? Wenn Sie sich etwas wünschen, sagt das Universum nicht: »Ich werde darüber nachdenken.« Es reagiert bereitwillig auf Ihren Wunsch und sendet Ihnen das Gewünschte. Um es allerdings empfangen zu können, müssen Sie offen und empfangsbereit sein.

Bei meinen Vorträgen sitzen die Leute manchmal mit vor der Brust verschränkten Armen da. Kann man empfänglich sein, wenn man so dasitzt? Die Arme weit auszubreiten ist eine wundervolle Geste, die vom Universum registriert und entsprechend beantwortet wird.

Ich lade Sie ein, das jetzt gleich zu tun! Stehen Sie auf, breiten Sie die Arme aus und sagen Sie: *Ich bin offen und empfangsbereit für alles Gute und für die Fülle des Universums.* Und jetzt los: Rufen Sie es so laut, dass alle es hören!

Wohlstand umfasst viele Dinge – Geld, Liebe, Erfolg, Komfort, Schönheit, Zeit, Wissen. Und Sie erzeugen Wohlstand, indem Sie an Ihre Fülle denken und darüber sprechen. Wenn Sie über Mangel sprechen und an Mangel denken, können Sie keinen Wohlstand erzeugen. Wenn Sie sich auf Mangel konzentrieren, erzeugen Sie mehr Mangel. Armutsdenken führt zu noch mehr Armut. Dankbarkeitsdenken bringt mehr Fülle in Ihr Leben.

Spiegelarbeit ist eine äußerst wirksame Methode zur Erzeugung von Wohlstand. Wenn Sie sich für die Fülle des Universums öffnen, sie in Ihrem Leben frei zirkulieren lassen, können Sie alles bekommen, was Sie sich wünschen. Alles, was Sie dafür benötigen, ist Übung und Ihren Spiegel!

Was Sie in die Welt hinaussenden, kehrt zu Ihnen zurück. Immer. Wenn Sie das Leben bestehlen, bestiehlt das Leben Sie. So einfach ist das. Vielleicht denken Sie ja, Sie würden gar nichts stehlen, aber was ist mit den Büroklammern und Briefmarken, die Sie aus dem Büro mitgehen lassen? Oder sind Sie ein Mensch, der anderen ihre Zeit stiehlt oder sie ausnutzt? Durch solche Verhaltensweisen sagen Sie dem Universum: »Ich verdiene die guten Dinge des Lebens nicht wirklich. Ich muss mir Gutes erschleichen, es anderen stehlen.«

Finden Sie heraus, welche Glaubenssätze den Fluss von Geld und Wohlstand in Ihrem Leben blockieren. Nutzen Sie dann die Spiegelarbeit, um diese negativen Glaubenssätze zu ändern und Wohlstandsdenken einzuüben. Bei Geldproblemen gibt es nichts Besseres.

Ich selbst verwende seit vielen Jahren zwei Wohlstands-Affirmationen, die bei mir bestens funktionieren. Auch Ihnen werden Sie gute Dienste leisten. Sie lauten: *Mein Einkommen wächst stetig.* Und: *Wohin ich auch gehe, jederzeit strömt Wohlstand in mein Leben.*

Wenn etwas Gutes zu Ihnen kommt, sagen Sie *Ja!* dazu. Öffnen Sie sich dafür, Gutes zu empfangen. Sagen Sie der Welt *Ja!* Dann werden sich gute Gelegenheiten und Wohlstand für Sie verhundertfachen. Stellen Sie sich einmal täglich mit ausgebreiteten Armen hin und sagen Sie voller Freude: *Ich bin offen und empfangsbereit für die Fülle des Universums. Danke, Leben!* Das Leben wird Sie hören und darauf reagieren.

Affirmieren wir gemeinsam: *Das Leben sorgt überreich für alle meine Bedürfnisse. Ich vertraue dem Leben.*

Spiegel-Übung für den 18. Tag

1. Heute wird es bei der Spiegelarbeit darum gehen, Wohlstand zu empfangen. Stellen Sie sich mit ausgebreiteten Armen hin und sagen Sie: *Ich bin offen und empfangsbereit für alles Gute.*
2. Schauen Sie nun in den Spiegel, und sprechen Sie die Affirmation erneut: *Ich bin offen und empfangsbereit für alles Gute.*
3. Wiederholen Sie die Affirmation zehnmal.
4. Achten Sie darauf, wie Sie sich fühlen. Fühlen Sie sich befreit? Machen Sie diese Übung ab jetzt jeden Morgen bis zum Ende des Kurses. Das ist ein wundervoller Weg, Ihr Wohlstandsbewusstsein zu erhöhen.

Ihre innere Kraft:
Tagebuch-Übung zum 18. Tag

1. Was glauben Sie zum Thema Geld? Gehen Sie wieder vor den Spiegel. Schauen Sie sich in die Augen und sagen Sie: Meine größte Angst beim Thema Geld ist, dass [beschreiben Sie Ihre Angst]. Schreiben Sie auch auf, warum Sie dieses Gefühl haben.
2. Was haben Sie als Kind über Geld gelernt? Wie ging man in Ihrer Familie mit finanziellen Angelegenheiten um? Wie gehen Sie heute mit Geld um? Schreiben Sie Ihre Gedanken dazu auf. Erkennen Sie Muster?
3. Schreiben Sie nun Gedanken auf, die Ihnen dabei helfen, sich innerlich für Wohlstandsbewusstsein zu öffnen.

Schreiben Sie auf, wie es wäre, alle Dinge zu haben, die Sie sich wünschen. Welche Wünsche sind das? Wie würde Ihr Leben aussehen, wenn sie in Erfüllung gehen? Welche Reisen würden Sie unternehmen? Was würden Sie tun? Fühlen Sie diesen Wohlstand. Genießen Sie ihn. Seien Sie kreativ, und freuen Sie sich.

Ihr Herzgedanke für den 18. Tag:
Ich bin ein Mensch, der Ja sagt

Ich weiß, dass ich eins mit allem Leben bin. Ich bin umgeben und erfüllt von unendlicher Weisheit. Daher vertraue ich völlig darauf, dass das Universum mich in jeder Hinsicht unterstützt. Alles, was ich jemals brauchen könnte, wartet bereits auf mich. Auf diesem Planeten gibt es mehr Nahrung, als ich je essen könnte. Es gibt mehr Geld, als ich je ausgeben könnte. Es gibt mehr Menschen, als ich je kennenlernen kann. Es gibt mehr Liebe, als ich je erleben kann. Es gibt mehr Freude, als ich mir vorstellen kann. Diese Welt bietet mir alles, was ich brauche und mir wünsche. Und das alles steht mir zur freien Verfügung.

Der »Eine Unendliche Geist«, die »Eine Unendliche Intelligenz«, sagt immer Ja zu mir. Ganz egal, was ich denke oder sage, das Universum sagt immer Ja. Daher verschwende ich keine Zeit mit negativen Gedanken. Ich entscheide mich dafür, mich und mein Leben ausschließlich positiv zu sehen.

Ich sage *Ja!* zu Wohlstand. Ich sage *Ja!* zu allen guten Dingen des Lebens. Ich bin ein *Ja!*-Mensch, der in einer

Ja!-Welt lebt und den das *Ja!*-Universum uneingeschränkt unterstützt. Ich freue mich, dass es so ist.

Ich bin dankbar, dass die universale Weisheit mein ist und dass die universale Macht mich trägt und unterstützt.

Meditation für den 18. Tag:
Reichtum empfangen

Wenn Sie über Ihren Geldmangel nachdenken und sprechen, werden Sie niemals Wohlstand erschaffen. Das sind vergeudete Gedanken, die Ihnen keine Fülle bringen werden. Wenn Sie sich auf Mangelzustände konzentrieren, erzeugen Sie noch mehr Mangel. Armutsdenken erzeugt mehr Armut. Dankbarkeitsdenken erzeugt Wohlstand.

Es gibt einige Denkmuster und Affirmationen, die zuverlässig dafür sorgen, dass Wohlstand unerreichbar bleibt. Wenn Sie andere Menschen um Ihren Wohlstand beneiden, errichten Sie damit eine Mauer, die den Fluss des Reichtums in Ihr Leben blockiert. Negative Affirmationen wie *Es ist immer zu wenig Geld da* oder *Das Geld rinnt mir durch die Finger* sind Armutsdenken in seiner schlimmsten Form. Das Universum kann nur auf das reagieren, was Sie über sich selbst und das Leben glauben. Prüfen Sie, welche negativen Gedanken Sie zum Thema Geld hegen, und befreien Sie sich davon. Dieses Mangeldenken hat Ihnen bisher keine guten Dienste geleistet und wird es auch in Zukunft nicht tun.

Natürlich können Sie sich ab und zu aus Spaß ein Lotterielos kaufen, aber messen Sie dem keine große Bedeutung bei und denken Sie nicht, ein Hauptgewinn würde Ihre Probleme lösen. Auch das ist Mangeldenken und erschafft keinen dauerhaften Wohlstand. Dass ein Mensch in einer Lotterie gewinnt, bewirkt keine positiven Veränderungen in seinem Leben. Tatsächlich verlieren die meisten Lotteriegewinner fast das gesamte gewonnene Geld innerhalb der ersten zwei Jahre wieder und stehen am Ende finanziell oft schlechter da als vorher. Wenn Sie glauben, ein Lotteriegewinn würde Ihre Probleme lösen, ist das ein großer Irrtum, denn Ihr Bewusstseinszustand ändert sich dadurch nicht. Vielmehr sagen Sie zum Universum: *Ich verdiene nichts Gutes in meinem Leben, außer durch einen Glückstreffer.* Wenn Sie dagegen Ihr Denken ändern, sodass die Fülle des Universums frei durch Ihr Leben strömen kann, können Sie alles erlangen, was Sie sich wünschen, und zwar ohne dafür in einer Lotterie gewinnen zu müssen. Und Sie sind dann in der Lage, diesen Wohlstand zu behalten, denn Sie haben sich in den entsprechenden Bewusstseinszustand versetzt.

Affirmieren, *Erklären* und *Zulassen* sind die Schritte, mit denen Sie Reichtümer in Ihr Leben ziehen können, die jeden Lotteriegewinn übertreffen. Öffnen Sie Ihr Bewusstsein für neue Ideen zum Thema Geld, dann kann das Geld frei in Ihrem Leben zirkulieren.

Wenn Sie mehr Geld und Wohlstand erlangen möchten, wenden Sie mit viel Überzeugung und Gefühl folgende Affirmationen an:

Ich bin ein Magnet für Geld. Wohlstand aller Art strömt in mein Leben.

Meine Arbeit wird hoch geschätzt und gut bezahlt.

Ich lebe in einem liebevollen, reichen und harmonischen Universum, und ich bin dankbar.

Ich bin offen für den grenzenlosen Wohlstand, der überall existiert.

Das Gesetz der Anziehung bringt nur Gutes in mein Leben. Ich lasse jedes Mangeldenken hinter mir und öffne mich für Wohlstandsdenken, und diese Veränderung spiegelt sich in meinen Finanzen wider.

Von überall her kommt Gutes zu mir.

Ich bin dankbar für alles Gute in meinem Leben. Jeder Tag bringt wundervolle neue Überraschungen.

Liebevoll bezahle ich meine Rechnungen. Ich bezahle sie gern, denn ich lebe freudig aus der Fülle.

Ich verdiene das Beste, und ich akzeptiere jetzt dankbar das Beste.

Ich lösche jeden Widerstand gegen das Geld aus meinem Bewusstsein und lasse es in meinem Leben freudig und frei fließen. Alle Menschen und Situationen bringen mir nur Gutes.

TAG 19

Dankbarkeit leben

Den heutigen Tag widme ich dem Dank
für die vielen Segnungen des Lebens.
Ich lerne, jeden Tag in Dankbarkeit zu leben.

Wussten Sie, dass Wohlstand und Dankbarkeit Hand in Hand gehen? Ich bin immer dankbar dafür, eins mit der universalen Weisheit zu sein und von der universalen Macht hundertprozentig unterstützt zu werden. Ich habe festgestellt, dass das Universum Dankbarkeit liebt. Je dankbarer Sie sind, desto mehr Gutes wird Ihnen widerfahren. Das müssen nicht nur materielle Dinge sein. Ich meine all die Menschen, Orte und Erfahrungen, die unser Leben so wunderbar lebenswert machen.

Wissen Sie, was für ein tolles Gefühl es ist, wenn Ihr Leben angefüllt ist mit Liebe, Freude, Gesundheit und Kreativität, wenn für Sie alle Ampeln auf Grün stehen und Sie immer einen Parkplatz finden? So ist unser

Leben gedacht. Und so kann es tatsächlich werden, wenn wir dankbar sind. Das Universum gibt großzügig und überreich, und es liebt Wertschätzung und Dankbarkeit.

Überlegen Sie, wie Sie sich fühlen, wenn Sie einer Freundin etwas schenken. Wenn diese Freundin Ihr Geschenk stirnrunzelnd betrachtet und sagt: »Das trifft nicht meinen Geschmack«, oder: »Damit kann ich überhaupt nichts anfangen«, werden Sie ihr vermutlich so schnell nichts mehr schenken, wenn überhaupt jemals wieder. Doch wenn ihre Augen vor Freude leuchten und sie sich überschwänglich bedankt, werden Sie ihr gerne weitere schöne Geschenke machen.

Seit langer Zeit halte ich es so, dass ich jedes Kompliment und jedes Geschenk dankbar annehme. Dabei denke ich: *Mit Freude und Dankbarkeit akzeptiere ich dieses Gute.* Ich habe gelernt, dass das Universum diese Reaktion liebt, und so bekomme ich ständig die tollsten Geschenke!

Seien Sie dankbar, sobald Sie morgens die Augen öffnen. Sagen Sie: »Danke, Bett, für den behaglichen Nachtschlaf.« Wenn Sie den Tag so beginnen, werden Sie viele weitere Dinge finden, für die Sie dankbar sein können. Wenn ich abends ins Bett gehe, habe ich wohl 80- bis 100-mal Danke gesagt: Menschen, Orten, Dingen und Erfahrungen in meinem Leben.

Lassen Sie abends vor dem Schlafengehen den Tag Revue passieren. Segnen Sie dankbar alle Erfahrungen – auch die schwierigen. Wenn Sie glauben, an diesem Tag einen Fehler gemacht oder eine etwas unglückliche Entscheidung getroffen zu haben, vergeben Sie sich.

Seien Sie dankbar für alle Lektionen, sogar für die schmerzhaften. Sie sind kleine Kostbarkeiten, die Ihnen geschenkt wurden. Wenn Sie daraus lernen, wird sich Ihr Leben zum Besseren verändern. Freuen Sie sich, wenn Sie sich einer Ihrer Schattenseiten bewusst werden. Es bedeutet, dass Sie bereit dafür sind, sich von etwas zu befreien, das Ihren Fortschritt behindert. Sagen Sie in einem solchen Moment: *Danke, dass mir das gezeigt wurde, denn nun kann ich es heilen und vorwärtsgehen.*

Danken Sie an diesem und möglichst an jedem anderen Tag oft für all das Gute, das Ihnen geschenkt wird. Wenn Sie das Gefühl haben, es gäbe bisher nur wenig Gutes in Ihrem Leben, wird das Gute sich durch Ihre Dankbarkeit rasch vermehren! Es handelt sich um eine Win-win-Situation: Sie sind glücklich, und das Universum ist glücklich. Eine dankbare Einstellung bewirkt, dass Ihr Wohlstand wächst und Sie immer mehr Grund haben, dankbar zu sein.

Danken Sie den Menschen, mit denen Sie heute zu tun haben. Danken Sie Verkäuferinnen, Kellnern, Postangestellten, Chefs, Kolleginnen, Freunden, Verwandten und völlig Fremden. Helfen wir alle mit, dass diese Welt eine Welt der Dankbarkeit wird, eine Welt des dankbaren Gebens und Empfangens!

Affirmieren wir gemeinsam: *Freudig schenke ich dem Leben meine Gaben und Talente, und das Leben beschenkt mich.*

Spiegel-Übung für den 19. Tag

1. Sprechen Sie morgens gleich nach dem Aufwachen folgende Affirmationen, laut oder leise in Gedanken: *Guten Morgen, Bett! Ich bin dankbar für die Bequemlichkeit und Wärme, die du mir heute Nacht wieder geschenkt hast. [Ihr Name], dies ist ein gesegneter Tag. Alles ist gut.*

2. Nehmen Sie sich ein paar Minuten Zeit, um sich im Bett zu entspannen und an alles zu denken, wofür Sie dankbar sind.

3. Wenn Sie bereit zum Aufstehen sind, gehen Sie zum Badezimmerspiegel. Schauen Sie sich tief und liebevoll in die Augen. Zählen Sie alles auf, wofür Sie dankbar sind. Sagen Sie es als Affirmationen: *Ich bin dankbar für mein schönes Lächeln. Ich bin dankbar dafür, dass ich mich heute so gesund fühle. Ich bin dankbar dafür, dass ich einen Job habe, in dem ich heute arbeiten kann. Ich bin dankbar für die Freunde, die ich heute treffen werde.*

4. Jedes Mal, wenn Sie heute an einem Spiegel vorbeikommen, halten Sie kurz inne und bedanken sich in Form einer Affirmation für etwas, für das Sie gerade in diesem Moment dankbar sind.

Ihre innere Kraft:
Tagebuch-Übung für den 19. Tag

1. Üben Sie Dankbarkeit ein, indem Sie ein Dankbarkeits-Tagebuch beginnen. Schreiben Sie mindestens eine Sache auf, für die Sie dankbar sind. Schreiben Sie alles auf,

wofür Sie dankbar sind. Schreiben Sie zu jeder Sache, für die Sie dankbar sind, eine Affirmation, die Sie dann bei der Spiegelarbeit verwenden können.

2. Lesen Sie inspirierende Geschichten über die Macht der Dankbarkeit. (Mein Buch, *Dankbarkeit erfüllt mein Leben*, Lüchow Verlag, J. Kamphausen Mediengruppe, Bielefeld, enthält zu diesem Thema Texte der 48 inspirierendsten Menschen, die ich kenne.) Schreiben Sie eine eigene Geschichte zum Thema Dankbarkeit, etwas, das Sie erlebt oder von einem Menschen aus Ihrem Umfeld gehört haben.

Ihr Herzgedanke für den 19. Tag:
Dankbar mache und empfange ich Geschenke

Tief im Zentrum meines Seins gibt es eine unendliche Quelle der Dankbarkeit. Ich öffne mich jetzt dafür, dass diese Dankbarkeit mein Herz, meinen Körper und mein Bewusstsein erfüllt – mein gesamtes Sein. Sie strahlt von mir aus und berührt alles, was Teil meiner Welt ist. Mit noch mehr, für das ich dankbar sein kann, kehrt sie zu mir zurück. Je dankbarer ich mich fühle, desto mehr werde ich mir bewusst, dass die Fülle des Universums unerschöpflich ist.

Wertschätzung und Akzeptanz wirken als mächtige Magneten, die jederzeit Wunder in mein Leben ziehen. Komplimente sind Geschenke, die ich dankbar annehme. Wenn jemand mir ein Kompliment macht, lächle ich und sage: »Vielen Dank.«

Dieser Tag ist ein heiliges Geschenk des Lebens. Ich öffne meine Arme weit, um den reichen Schatz des Wohlstandes zu empfangen, den das Universum für mich bereithält. Jederzeit, bei Tag und bei Nacht, kann ich diesen Wohlstand in mein Leben strömen lassen.

Das Universum unterstützt mich auf jede erdenkliche Weise. Ich lebe in einem liebevollen, reichen und harmonischen Universum, und ich bin dankbar. Es gibt im Leben Zeiten, in denen das Universum mir Gutes schenkt, ich aber nicht in der Lage bin, mich zu revanchieren. Ich erinnere mich, dass viele Menschen mir in Zeiten enorm geholfen haben, als ich mich bei Ihnen nicht angemessen erkenntlich zeigen konnte. Aber dafür war ich dann später in der Lage, anderen Menschen zu helfen. So funktioniert das Leben. Ich entspanne mich und erfreue mich an der Fülle und Dankbarkeit in meiner Welt.

Meditation für den 19. Tag:
Das Licht ist da!

Diese Übung ist für zwei Personen gedacht. Bitten Sie also einen Freund oder ein Familienmitglied, dabei mitzumachen.

Setzen Sie sich einander gegenüber. Fassen Sie sich an den Händen und schauen Sie sich in die Augen. Atmen Sie tief und entspannt durch, und lösen Sie sich von allen Angstgefühlen, die Sie möglicherweise in sich spüren. Atmen Sie erneut tief durch, und lösen Sie sich von dem Wunsch, sich oder andere zu kritisieren. Seien Sie einfach ohne Kritik, ohne Bewertung bei Ihrem Gegenüber.

Denn was Sie in Ihrem Übungspartner/Ihrer Übungspartnerin sehen, ist ein Spiegelbild Ihrer selbst, dessen, was in Ihnen ist. Wir sind alle eins. Wir atmen die gleiche Luft. Wir trinken das gleiche Wasser. Wir essen die Lebensmittel der Erde. Wir haben die gleichen Wünsche und Bedürfnisse. Wir alle wollen gesund sein. Wir alle wollen lieben und geliebt werden. Wir alle wollen angenehm und in Frieden leben. Und wir wollen in jeder Hinsicht gedeihen. Wir alle wünschen uns Erfüllung.

Betrachten Sie Ihr Gegenüber mit den Augen der Liebe, und seien Sie offen dafür, Ihrerseits Liebe zu empfangen. Spüren Sie, dass Sie sicher und behütet sind. Bejahen Sie vollkommene Gesundheit für Ihr Gegenüber. Bejahen Sie, dass der andere immer von liebenden Menschen umgeben ist. Bejahen Sie Wohlstand, sodass er oder sie angenehm leben kann. Bejahen Sie für Ihr Gegenüber Komfort und Sicherheit. Seien Sie sich bewusst, dass das, was Sie anderen wünschen, vielfach vermehrt zu Ihnen zurückkehrt. Bejahen Sie für Ihr Gegenüber nur das Beste und stellen Sie sich vor, dass er oder sie es dankbar annimmt. Und so sei es.

TAG 20

Spiegelarbeit mit Kindern

Auch Kinder sind dem Stress des Lebens ausgesetzt.
Heute lernen Sie, mit Kindern Spiegelarbeit zu praktizieren.
Und Sie werden erleben, wie gut ihnen das tut.

Sie haben es nun fast bis zum Ende des Kurses geschafft und machen Ihre Sache wirklich großartig. Ich beglückwünsche Sie zu Ihrem Einsatz und Ihrer Hingabe! Mit jedem Tag Spiegelarbeit schenken Sie sich Liebe. Und Sie befreien sich mit jedem Tag immer mehr von alten, negativen Glaubenssätzen, die Sie schon viel zu lange mit sich herumgeschleppt haben. Woher stammen diese negativen Glaubenssätze? Wir haben sie als Kinder von den Erwachsenen übernommen. Wir haben jedes Wort absorbiert, das uns gesagt wurde. Je öfter unsere Eltern oder andere Erwachsene etwas Negatives über uns sagten, desto mehr glaubten wir es.

Ich erinnere mich, dass wir uns als Kinder und Jugendliche oft gegenseitig übel beschimpften und beleidigten.

Aber warum taten wir das? Wo hatten wir so ein Verhalten gelernt? Vielen von uns wurde von unseren Eltern oder Lehrern gesagt, wir seien dumm oder faul, wir würden nur Ärger machen oder seien nicht gut genug. Vielleicht wanden wir uns innerlich, wenn wir Aussagen wie diese über uns hörten, aber dennoch glaubten wir sie. Damals war uns nicht klar, wie tief der Schmerz und die Scham sich in uns festsetzen würden.

Denken Sie an einige der schwierigeren Lektionen dieses Kurses zurück. Lektionen, bei denen Glaubenssätze ans Licht kamen, die Ihren Fortschritt blockieren. Ist Ihnen bei der Spiegelarbeit und den Tagebuch-Übungen aufgefallen, dass diese Glaubenssätze aus der Kindheit stammen und von seelischen Wunden herrühren, die Ihnen damals zugefügt wurden?

Mir wurde in der Schule nicht vermittelt, dass meine Wortwahl sich auf mein Leben auswirkt. Niemand brachte mir bei, dass meine Gedanken schöpferisch sind und mein Schicksal formen; oder dass das, was ich verbal äußerte, als Lebenserfahrung zu mir zurückkehren würde. Niemand vermittelte mir, dass ich liebenswert war und Gutes verdiente. Und ganz sicher lehrte mich niemand, dass die Liebe und Unterstützung des Universums jederzeit für mich zugänglich waren.

Heute können wir das bei unseren Kindern ändern. Besonders wichtig ist, sie immer wieder an die Grundwahrheit zu erinnern, dass sie liebenswert sind. Unsere Rolle als Eltern ist es nicht, perfekt zu sein, alles richtig zu machen, sondern liebevoll und gütig zu sein.

In der heutigen Zeit müssen Kinder viel mehr Probleme bewältigen als während meiner Kindheit. Ständig werden sie mit Nachrichten über den schlechten Zustand des Planeten bombardiert. Und sie müssen dauernd komplexe Entscheidungen treffen. Daran, wie Kinder mit diesen Herausforderungen umgehen, zeigt sich, was sie über sich selbst denken. Je mehr die Kinder sich selbst lieben und wertschätzen, desto leichter fällt es ihnen, im Leben die richtigen Entscheidungen zu treffen.

Es ist wichtig, dass wir unseren Kindern ein Gefühl von Eigenständigkeit und persönlicher Macht vermitteln sowie das Bewusstsein, in der Welt etwas bewirken zu können. Vor allem aber kommt es darauf an, Ihnen beizubringen, sich selbst zu lieben und ihnen immer wieder zu vermitteln, dass sie gut genug sind.

Kinder schauen zu uns Erwachsenen auf und hören auf jedes Wort, das wir sagen. Seien Sie deshalb mit positiven Aussagen und Affirmationen ein leuchtendes Beispiel für sie. Wenn Sie selbst an diese Affirmationen glauben, werden auch Ihre Kinder an sie glauben.

Lernen Sie, gut für sich selbst zu sorgen, denn dann sind Sie auch in der Lage, gut für Ihre Kinder zu sorgen. Denken Sie daran: Es gibt weder das »perfekte« Kind noch die »perfekte« Mutter oder den »perfekten« Vater. Es ist nun einmal so, dass wir hier und da schlechte Entscheidungen treffen. Das ist Teil unseres Lern- und Entwicklungsprozesses. Wichtig ist, dass Sie Ihre Kinder bedingungslos lieben und dass Sie *sich selbst* bedingungslos lieben. Dann werden Wunder ge-schehen – für Ihre Kinder und für Sie.

Affirmieren wir gemeinsam: *Ich kann sein, was ich sein will. Ich kann tun, was ich tun will. Das Leben unterstützt mich immer und überall.*

Spiegel-Übung für den 20. Tag

1. Schauen Sie sich bitte das folgende (englischsprachige) Video eines kleinen Mädchens an, das seine Affirmationen aufsagt. Es heißt »Jessica's Daily Affirmation«. Sie finden es unter diesem Link:
www.youtube.com/watch?v=qR3rKokZFkg
2. Schauen Sie sich das Video zusammen mit Ihrem Kind oder anderen Kindern an oder auch mit Ihrem inneren Kind.
3. Bitten Sie die Kinder, ihre eigenen täglichen Affirmationen vor dem Spiegel aufzusagen wie Jessica in dem Video. Fragen Sie die Kinder, was sie glücklich macht. Lassen Sie die Kinder das vor dem Spiegel sagen.
4. Zum Einstieg können Sie Ihre eigene Spiegelarbeit praktizieren und Ihr Kind zum Mitmachen einladen. Verwenden Sie einfache Affirmationen wie: *Ich liebe dich. Ich liebe alles an dir. Ich bin toll! Ich habe coole Haare! Ich kann tanzen wie ein Fernsehstar!*
5. Planen Sie täglich eine gemeinsame Spiegelarbeit mit Ihrem Kind ein, und wenn es nur ein paar Minuten am Morgen sind.

Ihre innere Kraft:
Tagebuch-Übung für den 20. Tag

1. Beginnen Sie die heutige Tagebuch-Übung damit, dass Sie Ihrem Kind aus einem meiner drei Lulu-Bücher vorlesen (*Lulu und die kleine Ameise*; *Lulu und Mimmi. Keine*

Angst in der Dunkelheit; *Lulu und die Ente Willy. Wachse durch die Kraft des Zauberspiegels*; AMRA-Verlag, Hanau).

2. Legen Sie Papier, Buntstifte, Textmarker, Kreide und Klebstoff bereit und bitten Sie Ihr Kind, einen Zauberspiegel zu malen, zu dem es so wie Lulu gehen kann. Ermutigen Sie das Kind, den Spiegel schön zu dekorieren: zum Beispiel Bilder ringsherum aufkleben, den Rahmen mit Glitter und Sternchen schmücken, viele verschiedene Farben verwenden.

3. Nun schauen Sie und das Kind abwechselnd in den Zauberspiegel und sagen wundervolle Dinge über sich selbst.

4. Schreiben Sie die Affirmationen auf, die Sie und Ihr Kind sagen. Dann können Sie diese bei der morgendlichen Spiegelarbeit gemeinsam wiederholen.

Ihr Herzgedanke für den 20. Tag:
Ich kommuniziere offen mit meinen Kindern

Es ist entscheidend wichtig, dass Sie die Kommunikationskanäle zu Ihren Kindern niemals abreißen lassen, vor allem nicht in der Teenager-Zeit. Viel zu oft bekommen Kinder dann zu hören: *Sage das nicht. Tue dies nicht. Das darfst du nicht denken. So darfst du nicht sein.* Wenn die Kinder nur hören *Nein, Nein, Nein!*, machen sie dicht und stellen die Kommunikation ein.

Wenn die Kinder dann erwachsen sind, beklagen sich die Eltern: »Meine Kinder rufen mich nie an.« Warum rufen sie nicht an? Weil die Kommunikationskanäle unterbrochen wurden, und zwar von den Eltern.

Wenn Sie Ihren Kindern mit Offenheit begegnen und sie ermutigen, offen mit Ihnen über ihre Gefühle zu sprechen – indem Sie zum Beispiel zu ihnen sagen: »Es ist okay, dass du traurig bist«, oder: »Du kannst mit mir darüber reden« –, stellen Sie die Kommunikation wieder her.

Meditation für den 20. Tag:
Das Kind willkommen heißen

Legen Sie eine Hand auf Ihr Herz. Schließen Sie die Augen. Gestatten Sie es sich, Ihr inneres Kind nicht nur zu sehen, sondern dieses Kind zu *sein*. Bitten Sie jemanden, Ihnen den folgenden Text vorzulesen. Stellen Sie sich vor, dass Ihre Eltern zu Ihnen sagen:

Wir sind so froh, dass du da bist. Wir haben dich erwartet. Wir haben uns schon sehr darauf gefreut, dass du Teil unserer Familie wirst. Du bist so wichtig für uns. Ohne dich wäre die Familie nicht die gleiche. Wir lieben dich. Wir möchten dich in den Armen halten. Wir möchten dir helfen, alles zu werden, was du sein kannst. Du musst nicht wie wir sein. Du kannst ganz du selbst sein. Wir lieben deine Einzigartigkeit. Du bist so schön. Du bist so klug. Du bist so kreativ. Es ist eine solche Freude für uns, dich bei uns zu haben! Wir danken dir, dass du uns als deine Familie ausgewählt hast. Wir wissen, dass du gesegnet bist. Dass du zu uns gekommen bist, ist ein Segen für uns. Wir lieben dich. Wir lieben dich wirklich.

Machen Sie diese Worte für Ihr inneres Kind wahr. Seien Sie sich bewusst, dass Sie jeden Tag in den Spiegel schauen und diese Worte sprechen können. Sie können sich alles sagen, was Sie damals gerne von den Eltern gehört hätten. Ihr inneres Kind braucht das Gefühl, gewollt zu sein und geliebt zu werden. Geben Sie das Ihrem Kind.

Ganz egal wie alt Sie sind oder wie krank oder ängstlich das kleine Kind in Ihnen ist, es braucht das Gefühl, gewollt zu sein und geliebt zu werden. Sagen Sie Ihrem inneren Kind immer wieder: »Ich finde es wunderbar, dass es dich gibt, und ich liebe dich.« Diese Wahrheit gilt für Sie und für jeden Menschen. Das Universum will, dass Sie hier sind. Und deshalb sind Sie hier. Das Universum liebt Sie und wird Sie ewig lieben. Also können Sie glücklich und in Frieden leben, jetzt und für alle Zeiten. Und so sei es.

TAG 21

Selbstliebe hier und jetzt

*Durch die Spiegelarbeit entdecken Sie, dass Sie so,
wie Sie sind, perfekt sind. Und Sie können jedes Problem
dadurch heilen, dass Sie sich selbst lieben.*

Herzlichen Glückwunsch! Der letzte Tag Ihres 21-tägigen Abenteuers ist erreicht. Die Spiegelarbeit hat Ihnen den größten Schatz Ihres Lebens nähergebracht – das größte Geschenk, das Sie sich machen können: Selbstliebe.

Ich weiß, dass das keine einfache Reise war. Es gab unterwegs einige Schlaglöcher und Stolpersteine, aber Sie haben nicht aufgegeben. Ich bin sehr stolz auf Sie!

Während der Reise haben Sie die Spiegelarbeit eingesetzt, um Ihren inneren Dialog unter die Lupe zu nehmen, Ihren inneren Kritiker zum Schweigen zu bringen, denen zu vergeben, die Ihnen Schmerz zufügten, sich von Ängsten zu befreien und alte, negative Glaubenssätze und Denkmuster hinter sich zu lassen. Dadurch haben Sie sich in Ihrem Inneren eine unerschöpfliche Schatzkammer erschlossen.

Sie wissen nun, dass es einen Weg gibt, mit dem sich jedes Problem heilen lässt: Lieben Sie sich selbst. Mein Wunsch für Sie ist, dass Sie das niemals vergessen. Wenn Sie sich jeden Tag ein wenig mehr lieben, wird sich Ihr Leben allmählich so verbessern, dass Sie aus dem Staunen nicht herauskommen. Sie werden sich besser fühlen. Sie werden den Job bekommen, den Sie sich wünschen. Sie werden immer genug Geld haben. Ihre Beziehungen zu anderen Menschen werden sich verbessern, wobei negative Menschen aus Ihrem Leben verschwinden und Sie stattdessen andere, positive Leute kennenlernen werden.

Auch wenn Sie nun am Ende des Kurses angelangt sind, hat Ihre Spiegelarbeit erst begonnen. Ich lege Ihnen ans Herz, sie auch weiterhin täglich zu praktizieren. Vermutlich werden Sie es auf dieser Reise auch weiterhin mit einigen Schlaglöchern und Umwegen zu tun bekommen. Aber Sie werden diese Herausforderungen bewältigen. Sie werden in den Spiegel schauen und sich daran erinnern, dass Sie liebenswert sind. Und so, wie Sie sind, sind Sie vollkommen. Sie verdienen alle guten Dinge des Lebens. Sie sind ein Magnet für Wunder.

Tragen Sie immer einen Spiegel bei sich. Erinnern Sie die wunderschöne Person, die Ihnen aus dem Spiegel entgegenblickt, immer wieder daran, dass Sie sie von ganzem Herzen lieben.

Affirmieren wir gemeinsam: *Wenn ich mir selbst und allen Menschen, die mir begegnen, Liebe schenke, kommt diese Liebe unmittelbar wieder zu mir zurück!*

In meinem Nachwort (ab Seite 189) finden Sie eine Liste mit zwölf Möglichkeiten, wie Sie sich selbst hier und jetzt Liebe schenken können. Nutzen Sie diese Liste, um an die tolle Arbeit anzuknüpfen, die Sie in den vergangenen drei Wochen geleistet haben. Und vergessen Sie nicht: Ich liebe Sie!

Spiegel-Übung für den 21. Tag

1. Gehen Sie zum Spiegel und betrachten Sie die wundervolle Person, die Sie darin erblicken. Loben Sie sich überschwänglich für den erfolgreichen Abschluss des Kurses. Sprechen Sie diese Affirmationen: *Ich liebe dich. Ich liebe dich wirklich. Du hast es geschafft! Du hast den Kurs erfolgreich gemeistert. Ich bin so stolz auf dich. Du kannst jedes deiner Ziele erreichen!*

2. Nehmen Sie sich Zeit, sich für das Geleistete zu danken. Affirmieren Sie: *Danke, dass du unermüdlich bei der Sache geblieben bist. Danke, dass du offen dafür warst, etwas Neues zu lernen. Ich liebe dich.*

3. Treffen Sie die klare Entscheidung, Ihre Spiegelarbeit fortzusetzen. Sagen Sie: *Wir sehen uns morgen, mein lieber Spiegel. Wir werden uns mit weiteren Lebensbereichen befassen, die ich gerne verändern möchte. Ich liebe dich. Du bist es wert, geliebt zu werden. Du verdienst nur das Beste.*

Ihre innere Kraft:
Tagebuch-Übung für den 21. Tag

1. Lesen Sie sich Ihre gesamten Tagebucheinträge durch. Nehmen Sie sich eine Lektion nach der anderen vor und beglückwünschen Sie sich zu der Arbeit, die Sie geleistet haben.

2. Schreiben Sie auf, wo Sie die größten Fortschritte erzielt haben. Notieren Sie auch die Problemfelder, bei denen noch weitere Arbeit nötig ist.

3. Wiederholen Sie die Lektionen, bei denen Sie das Gefühl haben, noch mehr Führung durch den Spiegel zu benötigen.
4. Und nun: Spielen Sie mit Ihrem inneren Kind!

Ihr Herzgedanke für den 21. Tag:

Wir alle sind Teile eines harmonischen Ganzen

Denken Sie daran: Sie sind Teil einer weltweiten Gemeinschaft von Menschen, die daran arbeiten, diese Welt zu einem besseren Ort zu machen. Wir finden uns in diesen Zeiten zusammen, weil wir viel voneinander lernen können. Wir arbeiten daran, uns selbst mehr zu lieben. An dieser Erfahrung wachsen und entwickeln wir uns weiter. Wir entscheiden uns bewusst dafür, gemeinsam Harmonie in unseren zwischenmenschlichen Beziehungen und in allen anderen Lebensbereichen zu erzeugen.

Wir sind göttlich geführt, und darum manifestiert sich göttliches rechtes Handeln durch uns. Wir sprechen zur richtigen Zeit die richtigen Worte und tun stets das Richtige. Jeder Mensch ist Teil eines harmonischen Ganzen.

Wenn wir freudig zusammenarbeiten, geschieht eine göttliche Vereinigung und Bündelung unserer Energien. Wir unterstützen und ermutigen uns gegenseitig. Das ist sehr produktiv, befriedigend und erfüllend. Wir sind gesund, glücklich, liebevoll, freudig, respektvoll, hilfsbereit und leben in Frieden mit uns selbst und unseren Mitmenschen. So sei es, und so ist es.

Meditation für den 21. Tag:
Eine sichere Welt

In den vergangenen 21 Tagen haben wir viele Themen berührt. Wir haben über negative und positive Dinge gesprochen sowie über Ängste und Frustrationen. Viele von uns vertrauen noch nicht darauf, dass wir gut und liebevoll für uns selbst sorgen können, und wir fühlen uns verloren und einsam. Doch arbeiten wir jetzt schon einige Zeit an uns selbst und merken, dass unser Leben sich verändert. Viele Probleme, die uns zu schaffen machten, sind jetzt keine Probleme mehr. Die Veränderung geschieht zwar nicht über Nacht, aber wenn wir beharrlich und konsequent sind, *gibt* es positive Veränderungen. Teilen wir also unsere Energie und Liebe mit anderen Menschen. Wenn wir aus vollem Herzen geben, wird auch uns aus vollem Herzen gegeben werden.

Öffnen wir unser Herz liebevoll und gütig allen Menschen. Schenken wir unsere Liebe den Obdachlosen, die kein Zuhause haben, wohin sie gehen können. Teilen wir unsere Liebe mit denen, die wütend und ängstlich sind oder unter Schmerzen leiden. Senden wir denen Liebe, die gerade im Begriff sind, den Planeten zu verlassen, und denen, die ihn bereits verlassen haben.

Teilen wir unsere Liebe mit allen, ob sie dafür offen sind oder nicht. Schließen wir den ganzen Planeten in unser Herz: die Tiere, die Vegetation, alle Menschen. Auch die Menschen, auf die wir wütend sind. Auch die Menschen, die sich nicht so verhalten, wie wir es gerne hätten. Und die Menschen, von denen gesagt wird, sie wären böse – schließen wir sie alle in unser Herz, damit sie ein Gefühl der Sicherheit und Geborgenheit entwickeln, aus dem heraus sie entdecken können, wer sie wirklich sind.

Visualisieren Sie, dass überall auf dem Planeten Frieden einkehrt. Seien Sie sich bewusst, dass Sie hier und jetzt zu diesem Frieden beitragen. Freuen Sie sich, dass Sie in der Lage sind, aktiv bei der Erschaffung einer friedlichen, harmonischen Welt mitzuhelfen. Erkennen Sie an, wie wunderbar Sie sind. Das ist Ihre Wahrheit. Und so sei es.

NACHWORT

Ich freue mich sehr, liebe Leserinnen und Leser, dass ich die Praxis der Spiegelarbeit mit Ihnen teilen durfte, die sich in meinem Leben als überaus wertvoll erwiesen hat. Ich hoffe, dass die Spiegelarbeit sich auch für Sie als wertvolle Methode der Selbstfürsorge und der spirituellen Entwicklung erweisen wird.

Zum Abschluss möchte ich Ihnen zwölf Möglichkeiten vorstellen, wie Sie sich selbst mehr Liebe schenken können - jetzt gleich und jederzeit. Sie können damit an das anknüpfen, was Sie in den vergangenen drei Wochen gelernt haben. Meine zwölf Empfehlungen sind jederzeit anwendbar und helfen Ihnen, sich ein glückliches und erfülltes Leben zu erschaffen.

Und denken Sie immer daran: Ich liebe Sie!

Zwölf Wege, sich selbst Liebe zu schenken – jetzt gleich und jederzeit

1. Kritisieren Sie niemanden, auch nicht sich selbst.
Kritik ändert niemals etwas. Hören Sie auf, sich selbst zu kritisieren. Akzeptieren Sie sich so, wie Sie sind.

2. Vergeben Sie sich.
Lassen Sie die Vergangenheit hinter sich. Sie haben damals getan, was Sie konnten, entsprechend dem Wissen und der Bewusstheit, über die Sie verfügten. Heute verändern Sie Ihr Bewusstsein und entwickeln sich weiter. Sie lernen und werden Ihr Leben künftig anders leben.

3. Fürchten Sie sich nicht.
Terrorisieren Sie sich nicht mit ängstlichen Gedanken. Das ist eine schreckliche Art zu leben. Finden Sie innere Bilder, die Ihnen Freude schenken. Wandeln Sie einen Angstgedanken sofort in einen angenehmen Gedanken um.

4. Seien Sie sanft, freundlich und geduldig.
Gehen Sie sanft, freundlich und geduldig mit sich um, während Sie neue Erfahrungen sammeln und andere Denkweisen erlernen. Behandeln Sie sich selbst so, wie Sie einen Mitmenschen behandeln würden, den Sie aufrichtig lieben.